**questões de viagem**

**poesia de bolso**

# elizabeth bishop

# questões de viagem

Tradução e notas
Paulo Henriques Britto

Copyright © 1965 by Elizabeth Bishop; copyright renovado © 1993 by Alice Helen Methfessel
Publicado mediante acordo com Farrar, Straus and Giroux, Nova York

*Grafia atualizada segundo o Acordo Ortográfico da Língua Portuguesa de 1990, que entrou em vigor no Brasil em 2009.*

*Título original*
Questions of Travel

*Capa e projeto gráfico*
Elisa von Randow

*Revisão*
Renato Potenza Rodrigues
Jasceline Honorato

Dados Internacionais de Catalogação na Publicação (CIP)
(Câmara Brasileira do Livro, SP, Brasil)

Bishop, Elizabeth, 1911-1979
 Questões de viagem / Elizabeth Bishop ; tradução e notas Paulo Henriques Britto. — 1ª ed. — São Paulo : Companhia das Letras, 2020.

 Título original: Questions of Travel
 ISBN 978-85-359-3373-4

 1. Poesia norte-americana I. Britto, Paulo Henriques. II. Título.

20-38941                                                CDD-811.3

Índice para catálogo sistemático:
1. Poesia : Literatura norte-americana 811.3

Cibele Maria Dias – Bibliotecária – CRB-8/9427

[2020]
Todos os direitos desta edição reservados à
EDITORA SCHWARCZ S.A.
Rua Bandeira Paulista, 702, cj. 32
04532-002 — São Paulo — SP
Telefone: (11) 3707 3500
www.companhiadasletras.com.br
www.blogdacompanhia.com.br
facebook.com/companhiadasletras
instagram.com/companhiadasletras
twitter.com/cialetras

Para Lota de Macedo Soares

*...O dar-vos quanto tenho e quanto posso,
Que quanto mais vos pago, mais vos devo.*
— CAMÕES

## sumário

### brasil
chegada em santos .......................................... 11
brasil, 1º de janeiro de 1502 ............................. 15
questões de viagem ........................................ 19
filhos de posseiros ......................................... 25
manuelzinho ................................................ 29
tempestade com raios .................................... 39
canção do tempo das chuvas .......................... 41
o tatu ........................................................... 47
o ribeirinho .................................................. 51
manhã de santos reis; ou, como quiseres ............ 63
o ladrão da babilônia ..................................... 67

### outros lugares
na aldeia (uma história) ................................. 85
boas maneiras .............................................. 141
sextina ......................................................... 145
primeira morte na nova escócia ...................... 149
posto de gasolina .......................................... 153
domingo, 4 da madrugada ............................. 157
maçarico ...................................................... 161
extraído do diário de trollope ......................... 163
visitas a st. elizabeths .................................... 165

### notas ....................................................... 171

### sobre a autora ......................................... 175

**brazil**

**brasil**

### *arrival at santos*

*Here is a coast; here is a harbor;*
*here, after a meager diet of horizon, is some scenery:*
*impractically shaped and — who knows? — self-pitying*
                                           [*mountains,*
*sad and harsh beneath their frivolous greenery,*

*with a little church on top of one. And warehouses,*
*some of them painted a feeble pink, or blue,*
*and some tall, uncertain palms. Oh, tourist,*
*is this how this country is going to answer you*

*and your immodest demands for a different world,*
*and a better life, and complete comprehension*
*of both at last, and immediately,*
*after eighteen days of suspension?*

*Finish your breakfast. The tender is coming,*
*a strange and ancient craft, flying a strange and brilliant rag.*
*So that's the flag. I never saw it before.*
*I somehow never thought of there being a flag,*

*but of course there was, all along. And coins, I presume,*
*and paper money; they remain to be seen.*
*And gingerly now we climb down the ladder backward,*
*myself and a fellow passenger named Miss Breen,*

*descending into the midst of twenty-six freighters*
*waiting to be loaded with green coffee beans.*
*Please, boy, do be more careful with that boat hook!*

**chegada em santos**

Eis uma costa; eis um porto;
após uma dieta frugal de horizonte, uma paisagem:
morros de formas nada práticas, cheios — quem sabe?
                    [— de autocomiseração,
tristes e agrestes sob a frívola folhagem,

uma igrejinha no alto de um deles. E armazéns,
alguns em tons débeis de rosa, ou de azul,
e umas palmeiras, altas e inseguras. Ah, turista,
então é isso que este país tão longe ao sul

tem a oferecer a quem procura nada menos
que um mundo diferente, uma vida melhor, e o imediato
e definitivo entendimento de ambos
após dezoito dias de hiato?

Termine o desjejum. Lá vem o navio-tênder,
uma estranha e antiga embarcação,
com um trapo estranho e colorido ao vento.
A bandeira. Primeira vez que a vejo. Eu tinha a impressão

de que não havia bandeira, mas tinha que haver,
tal como cédulas e moedas — claro que sim.
E agora, cautelosas, descemos de costas a escada,
eu e uma outra passageira, Miss Breen,

num cais onde vinte e seis cargueiros aguardam
um carregamento de café que não tem mais fim.
Cuidado, moço, com esse gancho! Ah!

*Watch out! Oh! It has caught Miss Breen's*

*skirt! There! Miss Breen is about seventy,*
*a retired police lieutenant, six feet tall,*
*with beautiful bright blue eyes and a kind expression.*
*Her home, when she is at home, is in Glens Fall*

*s, New York. There. We are settled.*
*The customs officials will speak English, we hope,*
*and leave us our bourbon and cigarettes.*
*Ports are necessities, like postage stamps, or soap,*

*but they seldom seem to care what impression they make,*
*or, like this, only attempt, since it does not matter,*
*the unassertive colors of soap, or postage stamps —*
*wasting away like the former, slipping the way the latter*

*do when we mail the letters we wrote on the boat,*
*either because the glue here is very inferior*
*or because of the heat. We leave Santos at once;*
*we are driving to the interior.*

January, 1952

não é que ele fisgou a saia de Miss Breen,

coitada! Miss Breen tem uns setenta anos,
um metro e oitenta, lindos olhos azuis, bem
simpática. É tenente de polícia aposentada.
Quando não está viajando, mora em Glen

s Falls, estado de Nova York. Bom. Conseguimos.
Na alfândega deve haver quem fale inglês e não
implique com nosso estoque de bourbon e cigarros.
Os portos são necessários, como os selos e o sabão,

e nem ligam para a impressão que causam.
Daí as cores mortas dos sabonetes e selos —
aqueles desmancham aos poucos, e estes desgrudam
de nossos cartões-postais antes que possam lê-los

nossos destinatários, ou porque a cola daqui
é muito ordinária, ou então por causa do calor.
Partimos de Santos imediatamente;
vamos de carro para o interior.

*Janeiro de 1952*

## *brazil, january 1, 1502*

> *...embroidered nature... tapestried landscape.*
> *— Landscape into art, by Sir Kenneth Clark*

*Januaries, Nature greets our eyes*
*exactly as she must have greeted theirs:*
*every square inch filling in with foliage —*
*big leaves, little leaves, and giant leaves,*
*blue, blue-green, and olive,*
*with occasional lighter veins and edges,*
*or a satin underleaf turned over;*
*monster ferns*
*in silver-gray relief,*
*and flowers, too, like giant water lilies*
*up in the air — up, rather, in the leaves —*
*purple, yellow, two yellows, pink,*
*rust red and greenish white;*
*solid but airy; fresh as if just finished*
*and taken off the frame.*

*A blue-white sky, a simple web,*
*backing for feathery detail:*
*brief arcs, a pale-green broken wheel,*
*a few palms, swarthy, squat, but delicate;*
*and perching there in profile, beaks agape,*
*the big symbolic birds keep quiet,*
*each showing only half his puffed and padded,*
*pure-colored or spotted breast.*
*Still in the foreground there is Sin:*
*five sooty dragons near some massy rocks.*

## brasil, 1º de janeiro de 1502

> ...natureza bordada... paisagem de tapeçaria.
> — *Landscape into art*, Sir Kenneth Clark

Janeiros, a Natureza se revela
a nossos olhos como revelou-se aos deles:
inteiramente recoberta de folhagem —
folhas grandes, pequenas, gigantescas,
azuis, verde-azulado, verde-oliva,
aqui e ali um veio ou borda mais claros,
ou um dorso de folha acetinado;
samambaias monstruosas
em relevo cinza-prata,
e flores, também, como vitórias-régias imensas
no céu — melhor, no meio das copas —
roxas, rosadas, dois tons de amarelo,
vermelho-ferrugem e branco esverdeado;
sólidas mas aéreas; frescas como se recém-pintadas
e retiradas das molduras.

Céu de um branco azulado, tela simples,
pano de fundo para plumas detalhadas:
arcos breves, roda incompleta, verde-claro,
palmeiras escuras, atarracadas, mas sutis;
e, pousadas, em perfil, bicos bem abertos,
as grandes aves simbólicas se calam,
cada uma exibindo meio peito apenas,
intumescido e acolchoado, liso ou com pintas.
Ainda em primeiro plano, o Pecado:
cinco dragões negros junto a umas pedras grandes.

*The rocks are worked with lichens, gray moonbursts
splattered and overlapping,
threatened from underneath by moss
in lovely hell-green flames,
attacked above
by scaling-ladder vines, oblique and neat,
"one leaf yes and one leaf no" (in Portuguese).
The lizards scarcely breathe; all eyes
are on the smaller, female one, back-to,
her wicked tail straight up and over,
red as a red-hot wire.*

*Just so the Christians, hard as nails,
tiny as nails, and glinting,
in creaking armor, came and found it all,
not unfamiliar:
no lovers' walks, no bowers,
no cherries to be picked, no lute music,
but corresponding, nevertheless,
to an old dream of wealth and luxury
already out of style when they left home —
wealth, plus a brand-new pleasure.
Directly after Mass, humming perhaps
L'Homme armé or some such tune,
they ripped away into the hanging fabric,
each out to catch an Indian for himself —
those maddening little women who kept calling,
calling to each other (or had the birds waked up?)
and retreating, always retreating, behind it.*

São pedras ornadas de liquens, explosões lunares
cinzentas, superpostas uma à outra,
ameaçadas de baixo pelo musgo
em lindas chamas verde-inferno,
atacadas do alto
por trepadeiras como escadas, oblíquas, perfeitas,
"uma folha sim, outra não" (como se diz em português).
Os lagartos mal respiram: os olhos todos
se fixam no menor, a fêmea, de costas,
a cauda maliciosa levantada sobre o corpo,
vermelha como um fio em brasa.

E foi assim que os cristãos, duros e pequenos
como pregos de ferro, e reluzentes,
armaduras a ranger, encontraram uma cena que já era
de certo modo familiar:
nem alamedas suaves, caramanchões,
cerejeiras carregadas nem alaúdes,
mas assim mesmo algo que lembrava
um sonho antigo de riqueza e luxo
já saindo de moda lá na Europa —
riqueza, e mais um prazer novinho em folha.
Logo depois da missa, talvez cantarolando
*L'Homme armé* ou outro tema assim,
enlouquecidos, rasgaram a tapeçaria
e cada um foi atrás de uma índia —
aquelas mulherezinhas irritantes
gritando uma pra outra (ou foram as aves que acordaram?)
e se embrenhando, se embrenhando no desenho.

## *questions of travel*

*There are too many waterfalls here; the crowded streams
hurry too rapidly down to the sea,
and the pressure of so many clouds on the mountaintops
makes them spill over the sides in soft slow-motion,
turning to waterfalls under our very eyes.
— For if those streaks, those mile-long, shiny, tearstains,
aren't waterfalls yet,
in a quick age or so, as ages go here,
they probably will be.
But if the streams and clouds keep travelling, travelling,
the mountains look like the hulls of capsized ships,
slime-hung and barnacled.*

*Think of the long trip home.
Should we have stayed at home and thought of here?
Where should we be today?
Is it right to be watching strangers in a play
in this strangest of theatres?
What childishness is it that while there's a breath of life
in our bodies, we are determined to rush
to see the sun the other way around?
The tiniest green hummingbird in the world?
To stare at some inexplicable old stonework,
inexplicable and impenetrable,
at any view,
instantly seen and always, always delightful?*

**questões de viagem**

Aqui há um excesso de cascatas; os rios amontoados
correm depressa demais em direção ao mar,
e são tantas nuvens a pressionar os cumes das montanhas
que elas transbordam encosta abaixo, em câmara lenta,
virando cachoeiras diante de nossos olhos.
— Porque se aqueles riscos lustrosos, quilométricos rastros de
[lágrimas,
ainda não são cascatas,
dentro de uma breve era (pois são breves as eras daqui)
provavelmente serão.
Mas se os rios e as nuvens continuam viajando, viajando,
então as montanhas lembram cascos de navios soçobrados,
cobertos de limo e cracas.

Pensemos na longa viagem de volta.
Devíamos ter ficado em casa pensando nas terras daqui?
Onde estaríamos hoje?
Será direito ver estranhos encenando uma peça
neste teatro tão estranho?
Que infantilidade nos impele, enquanto houver um sopro de
[vida
no corpo, a partir decididos a ver
o sol nascendo do outro lado?
O menor beija-flor verde do mundo?
Ficar contemplando uma antiga e inexplicável obra de
[cantaria,
inexplicável e impenetrável,
qualquer paisagem,
imediatamente vista e sempre, sempre deleitosa?

*Oh, must we dream our dreams*
*and have them, too?*
*And have we room*
*for one more folded sunset, still quite warm?*

*But surely it would have been a pity*
*not to have seen the trees along this road,*
*really exaggerated in their beauty,*
*not to have seen them gesturing*
*like noble pantomimists, robed in pink.*
*— Not to have had to stop for gas and heard*
*the sad, two-noted, wooden tune*
*of disparate wooden clogs*
*carelessly clacking over*
*a grease-stained filling-station floor.*
*(In another country the clogs would all be tested.*
*Each pair there would have identical pitch.)*
*— A pity not to have heard*
*the other, less primitive music of the fat brown bird*
*who sings above the broken gasoline pump*
*in a bamboo church of Jesuit baroque:*
*three towers, five silver crosses.*
*— Yes, a pity not to have pondered,*
*blurr'dly and inconclusively,*
*on what connection can exist for centuries*
*between the crudest wooden footwear*
*and, careful and finicky,*
*the whittled fantasies of wooden cages.*
*— Never to have studied history in*
*the weak calligraphy of songbirds' cages.*
*— And never to have had to listen to rain*

Ah, por que insistimos em sonhar os nossos sonhos
e vivê-los também?
E será que ainda temos lugar
para mais um pôr do sol extinto, ainda morno?

Mas certamente seria uma pena
não ter visto as árvores à beira dessa estrada,
de uma beleza realmente exagerada,
não tê-las visto gesticular
como nobres mímicos de vestes róseas.
— Não ter parado num posto de gasolina e ouvido
a melancólica melodia de madeira, com duas notas só,
de um par de tamancos descasados
pisando sonoros, descuidados,
um chão todo sujo de graxa.
(Num outro país, os tamancos seriam todos testados.
Os dois pés produziriam exatamente a mesma nota.)
— Uma pena não ter ouvido
a outra música, menos primitiva, do gordo pássaro pardo
cantando acima da bomba de gasolina quebrada
numa igreja de bambu de um barroco jesuítico:
três torres, cinco cruzes prateadas.
— Sim, uma pena não ter especulado,
confusa e inconclusivamente,
sobre a relação que existiria há séculos
entre o mais tosco calçado de madeira
e, cuidadosas, caprichosas,
as formas fantásticas das gaiolas de madeira.
— Jamais ter estudado história
na caligrafia fraca das gaiolas.
— E nunca ter ouvido essa chuva

*so much like politicians' speeches:*
*two hours of unrelenting oratory*
*and then a sudden golden silence*
*in which the traveller takes a notebook, writes:*

"Is it lack of imagination that makes us come
to imagined places, not just stay at home?
Or could Pascal have been not entirely right
about just sitting quietly in one's room?

*Continent, city, country, society:*
*the choice is never wide and never free.*
*And here, or there... No. Should we have stayed at home,*
*wherever that may be?"*

tão parecida com discurso de político:
duas horas de oratória implacável
e de súbito um silêncio de ouro
em que a viajante abre o caderno e escreve:

*"Será falta de imaginação o que nos faz procurar
lugares imaginados tão longe do lar?
Ou Pascal se enganou quando escreveu
que é em nosso quarto que devíamos ficar?*

Continente, cidade, país: não é tão sobeja
a escolha, a liberdade, quanto se deseja.
Aqui, ali... Não. Teria sido melhor ficar em casa,
onde quer que isso seja?"

## *squatter's children*

*On the unbreathing sides of hills
they play, a specklike girl and boy,
alone, but near a specklike house.
The sun's suspended eye
blinks casually, and then they wade
gigantic waves of light and shade.
A dancing yellow spot, a pup,
attends them. Clouds are piling up;*

*a storm piles up behind the house.
The children play at digging holes.
The ground is hard; they try to use
one of their father's tools,
a mattock with a broken haft
the two of them can scarcely lift.
It drops and clangs. Their laughter spreads
effulgence in the thunderheads,*

*weak flashes of inquiry
direct as is the puppy's bark.
But to their little, soluble,
unwarrantable ark,
apparently the rain's reply
consists of echolalia,
and Mother's voice, ugly as sin,
keeps calling to them to come in.*

*Children, the threshold of the storm
has slid beneath your muddy shoes;*

**filhos de posseiros**

Na ilharga inerte do morro, à tarde,
dois pontos, menina e menino, brincando,
a sós, junto a um outro ponto, uma casa.
O sol pisca o olho de vez em quando,
e os dois atravessam enormes ondas
que se sucedem, de luz e sombra.
Um cisco amarelo os acompanha,
um cachorrinho. Atrás da montanha

nuvens de chuva crescem mais e mais.
As crianças cavam buracos. O chão
é duro; elas tentam utilizar
uma ferramenta do pai, um alvião
imenso, de cabo quebrado,
que mal conseguem erguer de tão pesado.
A ferramenta cai. As gargalhadas
iluminam as nuvens arroxeadas,

fracos lampejos interrogativos,
diretos como o latir do cachorro.
Mas para as crianças, naquele abrigo
solúvel, indesculpável, no morro,
a resposta da chuva é tão vazia
quanto uma vaga ecolalia,
e a voz da mãe, antipática e insistente,
manda que entrem imediatamente.

Crianças, o temporal foi mais ligeiro
que os seus pés enlameados a correr;

*wet and beguiled, you stand among
the mansions you may choose
out of a bigger house than yours,
whose lawfulness endures.
Its soggy documents retain
your rights in rooms of falling rain.*

logradas, molhadas, vocês estão no meio
de muitas mansões, e podem escolher
dentre elas uma casa para ser sua,
com direito inclusive a escritura.
Papéis molhados lhes garantem a posse
desses palácios de chuva grossa.

### *manuelzinho*

> [Brazil. A friend of the writer is speaking.]

*Half squatter, half tenant (no rent) —
a sort of inheritance; white,
in your thirties now, and supposed
to supply me with vegetables,
but you don't; or you won't; or you can't
get the idea through your brain —
the world's worst gardener since Cain.
Tilted above me, your gardens
ravish my eyes. You edge
the beds of silver cabbages
with red carnations, and lettuces
mix with alyssum. And then
umbrella ants arrive,
or it rains for a solid week
and the whole thing's ruined again
and I buy you more pounds of seeds,
imported, guaranteed,
and eventually you bring me
a mystic three-legged carrot,
or a pumpkin "bigger than the baby."*

*I watch you through the rain,
trotting, light, on bare feet,
up the steep paths you have made —
or your father and grandfather made —
all over my property,
with your head and back inside*

## manuelzinho

> [Brasil. Fala uma amiga da escritora.]

Rendeiro que veio com a terra
(mas nunca paga aluguel) —
branco, trintão, meu suposto
fornecedor de legumes,
só que não quer, ou não sabe,
fornecer nada pra mim —
o pior hortelão desde Caim.
Sua horta, lá no alto, torta,
é uma festa pros olhos. Nas beiras
dos canteiros de repolho
você planta cravos, e alface
misturada com escudinha.
Então vêm as saúvas, ou
chove uma semana inteira,
e tudo se perde outra vez
e eu lhe dou sementes aos quilos,
importadas, garantidas,
e um dia você me traz
uma cenoura mística, trípede,
ou uma abóbora "maior que um bebê".

Eu vejo você caminhando,
pés ágeis, descalços, na chuva,
subindo os caminhos íngremes
que você, ou seu pai, ou seu avô,
abriram por toda a minha terra,
cabeça e costas protegidas

*a sodden burlap bag,
and feel I can't endure it
another minute; then,
indoors, beside the stove,
keep on reading a book.*

*You steal my telephone wires,
or someone does. You starve
your horse and yourself
and your dogs and family.
Among endless variety,
you eat boiled cabbage stalks.
And once I yelled at you
so loud to hurry up
and fetch me those potatoes
your holey hat flew off,
you jumped out of your clogs,
leaving three objects arranged
in a triangle at my feet,
as if you'd been a gardener
in a fairy tale all this time
and at the word "potatoes"
had vanished to take up your work
of fairy prince somewhere.*

*The strangest things happen, to you.
Your cow eats a "poison grass"
and drops dead on the spot.
Nobody else's does.
And then your father dies,
a superior old man*

por um saco de aniagem, e sinto
que não aguento mais um minuto;
depois, junto à estufa, mergulho
na leitura de algum livro.


Você, ou alguém, me rouba
os fios telefônicos. Você
passa fome, e faz passar fome
seu cavalo, seu cão, sua família.
No meio de tanta fartura
você come caule de repolho.
E uma vez gritei com você
tão alto pra me trazer logo
aquelas batatas, que o seu
chapéu furado voou, e
você saiu sem os tamancos,
deixando três objetos
num triângulo a meus pés,
como se fosse um jardineiro
de alguma história de fadas,
que ao ouvir a palavra "batatas"
sumisse, pra virar príncipe
nalgum país encantado.

Tem coisas que só acontecem
com você. Sua vaca come
"capim veneno" e cai morta.
Não morre nenhuma outra vaca.
Depois quem morre é seu pai,
um velho alinhado, chapéu

*with a black plush hat, and a moustache
like a white spread-eagled sea gull.
The family gathers, but you,
no, you "don't think he's dead!
I look at him. He's cold.
They're burying him today.
But you know, I don't think he's dead."
I give you money for the funeral
and you go and hire a bus
for the delighted mourners,
so I have to hand over some more
and then have to hear you tell me
you pray for me every night!*

*And then you come again,
sniffing and shivering,
hat in hand, with that wistful
face, like a child's fistful
of bluets or white violets,
improvident as the dawn,
and once more I provide
for a shot of penicillin
down at the pharmacy, or
one more bottle of
Electrical Baby Syrup.
Or, briskly, you come to settle
what we call our "accounts,"
with two old copybooks,
one with flowers on the cover,
the other with a camel.
Immediate confusion.
You've left out the decimal points.*

de feltro preto, e um bigode
que é como asas de gaivota.
Toda a família reunida,
e você: "Ele não morreu não!
Eu olho pra ele. Está frio.
O enterro é hoje. Mas eu
acho que ele não morreu."
Eu dou dinheiro pro enterro,
você vai e aluga um ônibus
pra satisfação geral,
e eu tenho que lhe dar mais,
e você ainda vem me dizer
que reza por mim toda noite!

Depois me aparece de novo,
fungando e tremendo, chapéu
na mão, com uma cara triste
feito um punhado de violetas
brancas em mão de criança,
negligente como a aurora,
e eu mais uma vez financio
uma injeção de penicilina
lá na farmácia, ou um vidro
de Xarope Infantil Elétrico.
Ou então, chega todo enérgico
pra "fazer as contas" comigo,
com dois cadernos velhos, um
com flores na capa, o outro
um camelo. Confusão
imediata. Você esqueceu
as vírgulas decimais.

*Your columns stagger,*
*honeycombed with zeros.*
*You whisper conspiratorially;*
*the numbers mount to millions.*
*Account books? They are Dream Books.*
*In the kitchen we dream together*
*how the meek shall inherit the earth —*
*or several acres of mine.*

*With blue sugar bags on their heads,*
*carrying your lunch,*
*your children scuttle by me*
*like little moles aboveground,*
*or even crouch behind bushes*
*as if I were out to shoot them!*
*— Impossible to make friends,*
*though each will grab at once*
*for an orange or a piece of candy.*

*Twined in wisps of fog,*
*I see you all up there*
*along with Formoso, the donkey,*
*who brays like a pump gone dry,*
*then suddenly stops.*
*— All just standing, staring*
*off into fog and space.*
*Or coming down at night,*
*in silence, except for hoofs,*
*in dim moonlight, the horse*
*or Formoso stumbling after.*
*Between us float a few*

As colunas estão tortas,
uma colmeia de zeros.
Você cochicha baixinho
que nem um conspirador;
as cifras chegam a milhões.
Contas? Que contas? São sonhos.
Na cozinha sonhamos juntos
que os mansos possuirão a terra —
ou vários hectares da minha.

Sacos de açúcar na cabeça,
carregando o almoço do pai,
seus filhos correm ao me ver,
toupeirinhas fora da toca,
ou escondem-se atrás das moitas
como se eu fosse caçá-los!
— Impossível conquistá-los,
mas se trago laranja ou bala
vêm logo pegar, correndo.

Entre fiapos de bruma
vejo vocês lá no alto,
mais Formoso, o burro, que zurra
como bomba em poço sem água,
e de repente se cala.
— Todos parados, os olhares
perdidos no espaço e na névoa.
Ou então descendo, à noite,
em silêncio, fora os cascos
do cavalo ou do Formoso
vindo atrás, num vago luar.
Flutuando entre nós, passam

*big, soft, pale-blue,*
*sluggish fireflies,*
*the jellyfish of the air...*

*Patch upon patch upon patch,*
*your wife keeps all of you covered.*
*She has gone over and over*
*(forearmed is forewarned)*
*your pair of bright-blue pants*
*with white thread, and these days*
*your limbs are draped in blueprints.*
*You paint — heaven knows why —*
*the outside of the crown*
*and brim of your straw hat.*
*Perhaps to reflect the sun?*
*Or perhaps when you were small,*
*your mother said, "Manuelzinho,*
*one thing: be sure you always*
*paint your straw hat."*
*One was gold for a while,*
*but the gold wore off, like plate.*
*One was bright green. Unkindly,*
*I called you Klorophyll Kid.*
*My visitors thought it was funny.*
*I apologize here and now.*

*You helpless, foolish man,*
*I love you all I can,*
*I think. Or do I?*
*I take off my hat, unpainted*
*and figurative, to you.*
*Again I promise to try.*

vaga-lumes moles, grandes,
preguiçosos, azulados,
as águas-vivas do ar...

Com um remendo aqui, outro ali,
sua mulher veste vocês todos.
Já retocou tantas vezes
(melhor que prevenir é remediar)
suas calças azul-cheguei
com linha branca, que parecem
uma cópia heliográfica.
Você pinta — só Deus sabe
por quê — a copa e a aba
do seu chapéu de palha.
É pra refletir o sol?
Ou foi sua mãe que lhe disse
quando menino: "Manuelzinho,
veja lá: nunca esqueça
de pintar o seu chapéu."
Um foi dourado uns tempos,
mas o ouro gastou. O outro
era verde vivo. Eu, maldosa,
chamei-o de "Kid Klorofila".
Meus amigos acharam graça.
Peço sinceras desculpas.

Seu tonto, seu incapaz,
gosto de você demais,
eu acho. Mas isso é gostar?
Tiro o chapéu — metafórico
e sem tinta — pra você.
De novo, prometo tentar.

## *electrical storm*

*Dawn an unsympathetic yellow.*
*Cra-aack! – dry and light.*
*The house was really struck.*
*Crack! A tinny sound, like a dropped tumbler.*
*Tobias jumped in the window, got in bed —*
*silent, his eyes bleached white, his fur on end.*
*Personal and spiteful as a neighbor's child,*
*thunder began to bang and bump the roof.*
*One pink flash;*
*then hail, the biggest size of artificial pearls.*
*Dead-white, wax-white, cold —*
*diplomats' wives' favors*
*from an old moon party —*
*they lay in melting windrows*
*on the red ground until well after sunrise.*
*We got up to find the wiring fused,*
*no lights, a smell of saltpetre,*
*and the telephone dead.*

*The cat stayed in the warm sheets.*
*The Lent trees had shed all their petals:*
*wet, stuck, purple, among the dead-eye pearls.*

**tempestade com raios**

O dia raia, amarelo azedo.
*Cra-aac!* — brilho forte e seco.
A casa foi atingida.
*Crac!* Um estalo, como um copo que cai.
Tobias saltou do parapeito, foi para a cama —
silencioso, os olhos brancos, o pelo eriçado.
Pirracento como filho de vizinho,
o trovão ficou sovando o telhado.
Um raio róseo;
depois granizo, enormes pérolas artificiais.
Branco morto, branco de cera, frias —
suvenires de um jantar formal
de antigamente, lá na lua —
ficaram a derreter enfileiradas
no chão vermelho mesmo depois que o sol nasceu.
Ao levantarmos, a fiação estava fundida,
faltava luz, cheirava a salitre
e o telefone, mudo.

O gato ficou nos lençóis ainda mornos.
As quaresmeiras perderam suas pétalas:
molhadas, roxas, caídas entre as pérolas de olhos mortos.

## *song for the rainy season*

*Hidden, oh hidden
in the high fog
the house we live in,
beneath the magnetic rock,
rain-, rainbow-ridden,
where blood-black
bromelias, lichens,
owls, and the lint
of the waterfalls cling,
familiar, unbidden.*

*In a dim age
of water
the brook sings loud
from a rib cage
of giant fern; vapor
climbs up the thick growth
effortlessly, turns back,
holding them both,
house and rock,
in a private cloud.*

*At night, on the roof,
blind drops crawl
and the ordinary brown
owl gives us proof
he can count:
five times — always five —
he stamps and takes off*

## canção do tempo das chuvas

Oculta, oculta,
na névoa, na nuvem,
a casa que é nossa,
sob a rocha magnética,
exposta a chuva e arco-íris,
onde pousam corujas
e brotam bromélias
negras de sangue, liquens
e a felpa das cascatas,
vizinhas, íntimas.

Numa obscura era
de água
o riacho canta de dentro
da caixa torácica
das samambaias gigantes;
por entre a mata grossa
o vapor sobe, sem esforço,
e vira para trás, e envolve
rocha e casa
numa nuvem só nossa.

À noite, no telhado,
gotas cegas escorrem,
e a coruja canta sua copla
e nos prova
que sabe contar:
cinco vezes — sempre cinco —
bate o pé e decola

*after the fat frogs that,
shrilling for love,
clamber and mount.*

*House, open house
to the white dew
and the milk-white sunrise
kind to the eyes,
to membership
of silver fish, mouse,
bookworms,
big moths; with a wall
for the mildew's
ignorant map;*

*darkened and tarnished
by the warm touch
of the warm breath,
maculate, cherished,
rejoice! For a later
era will differ.
(O difference that kills,
or intimidates, much
of all our small shadowy
life!) Without water*

*the great rock will stare
unmagnetized, bare,
no longer wearing
rainbows or rain,
the forgiving air*

atrás das rãs gordas, que
coaxam de amor
em plena cópula.

Casa, casa aberta
para o orvalho branco
e a alvorada cor
de leite, doce à vista;
para o convívio franco
com lesma, traça,
camundongo
e mariposas grandes;
com uma parede para o mapa
ignorante do bolor;

escurecida e manchada
pelo toque cálido
e morno do hálito,
maculada, querida,
alegra-te! Que em outra era
tudo será diferente.
(Ah, diferença que mata,
ou intimida, boa parte
da nossa mínima, humilde
vida!) Sem água

a grande rocha ficará
desmagnetizada, nua
de arco-íris e chuva,
e o ar que acaricia
e a neblina

*and the high fog gone;*
*the owls will move on*
*and the several*
*waterfalls shrivel*
*in the steady sun.*

                                            Sítio da Alcobaçinha
                                            Fazenda Samambaia
                                                    Petrópolis

desaparecerão;
as corujas irão embora,
e todas as cascatas
hão de murchar ao sol
do eterno verão.

*Sítio da Alcobacinha*
*Fazenda Samambaia*
*Petrópolis*

### *the armadillo*

For Robert Lowell

*This is the time of year
when almost every night
the frail, illegal fire balloons appear.
Climbing the mountain height,*

*rising toward a saint
still honored in these parts,
the paper chambers flush and fill with light
that comes and goes, like hearts.*

*Once up against the sky it's hard
to tell them from the stars —
planets, that is — the tinted ones:
Venus going down, or Mars,*

*or the pale green one. With a wind,
they flare and falter, wobble and toss;
but if it's still they steer between
the kite sticks of the Southern Cross,*

*receding, dwindling, solemnly
and steadily forsaking us,
or, in the downdraft from a peak,
suddenly turning dangerous.*

*Last night another big one fell.
It splattered like an egg of fire*

**o tatu**

*Para Robert Lowell*

Estamos no período junino,
e à noite balões de papel
surgem — frágeis, ígneos, clandestinos.
Vão subindo no céu,

rumo a um santo que aqui
ainda inspira devoção,
e se enchem de uma luz avermelhada
que pulsa, como um coração.

Lá no céu, se transformam
em pontos de luz mais ou menos
iguais às estrelas — isto é, aos planetas
coloridos, Marte ou Vênus.

Se venta, eles piscam, estrebucham;
sem vento, sobem ligeiros
rumo às varetas cruzadas
da pipa estelar do Cruzeiro

do Sul, e deixam este mundo
pra trás, solenes, altivos,
ou uma correnteza os puxa
pra baixo, e se tornam um perigo.

Ontem caiu um grande aqui perto
na encosta de pedra nua.

*against the cliff behind the house.
The flame ran down. We saw the pair*

*of owls who nest there flying up
and up, their whirling black-and-white
stained bright pink underneath, until
they shrieked up out of sight.*

*The ancient owls' nest must have burned.
Hastily, all alone,
a glistening armadillo left the scene,
rose-flecked, head down, tail down,*

*and then a baby rabbit jumped out,
short-eared, to our surprise.
So soft! — a handful of intangible ash
with fixed, ignited eyes.*

Too pretty, dreamlike mimicry!
O falling fire and piercing cry
and panic, and a weak mailed fist
clenched ignorant against the sky!

Quebrou como um ovo de fogo.
As chamas desceram. Vimos duas

corujas fugindo do ninho,
os dorsos das asas ariscas
tingidas de um rosa vivo,
guinchando até sumirem de vista.

O velho ninho se incendiara.
Sozinho, em polvorosa,
um tatu reluzente fugiu,
cabisbaixo, salpicado de rosa,

depois um ser de orelhas curtas,
por estranho que pareça, um coelho.
Tão macio! — pura cinza intangível
com olhos fixos, dois pontos vermelhos.

*Ah, mimetismo frágil, onírico!*
*Fogo caindo, um escarcéu*
*e um punho cerrado, ignorante*
*e débil, voltado contra o céu!*

### *the riverman*

[*A man in a remote Amazonian village decides to become a sacaca, a witch doctor who works with water spirits. The river dolphin is believed to have supernatural powers; Luandinha is a river spirit associated with the moon; and the pirarucú is a fish weighing up to four hundred pounds. These and other details on which this poem is based are from* Amazon Town, *by Charles Wagley.*]

*I got up in the night
for the Dolphin spoke to me.
He grunted beneath my window;
hid by the river mist,
but I glimpsed him — a man like myself.
I threw off my blanket, sweating;
I even tore off my shirt.
I got out of my hammock
and went through the window naked.
My wife slept and snored.
Hearing the Dolphin ahead,
I went down to the river
and the moon was burning bright
as the gasoline-lamp mantle
with the flame turned up too high,
just before it begins to scorch.
I went down to the river.
I heard the Dolphin sigh
as he slid into the water.
I stood there listening
till he called from far outstream.*

## o ribeirinho

[Numa remota aldeia amazônica, um homem resolve se tornar um "sacaca", um curandeiro que trabalha com os espíritos das águas. O boto é um ser a que se atribuem poderes sobrenaturais; Luandinha é um espírito do rio associado à lua; e o pirarucu é um peixe que chega a pesar duzentos quilos. Essas informações, bem como outras em que se baseia o poema, foram extraídas de *Amazon Town*, de Charles Wagley.]

Acordei no meio da noite
porque o Boto me chamou.
Rosnou à minha janela,
oculto na bruma do rio,
mas eu o vi — um homem como eu.
Me descobri, suando em bicas;
tirei até a camisa.
Levantei da minha rede,
saí nu pela janela.
A minha mulher roncava.
Seguindo os passos do Boto,
fui andando até o rio.
A lua brilhava igual
a um candeeiro quando a chama
está tão alta que começa
a chamuscar a camisa.
Fui andando até o rio.
Ouvi o Boto suspirar
na hora que caiu n'água.
Fiquei parado, escutando,
até ele chamar lá de longe.

*I waded into the river*
*and suddenly a door*
*in the water opened inward,*
*groaning a little, with water*
*bulging above the lintel.*
*I looked back at my house,*
*white as a piece of washing*
*forgotten on the bank,*
*and I thought once of my wife,*
*but I knew what I was doing.*

*They gave me a shell of cachaça*
*and decorated cigars.*
*The smoke rose like mist*
*through the water, and our breaths*
*didn't make any bubbles.*
*We drank cachaça and smoked*
*the green cheroots. The room*
*filled with gray-green smoke*
*and my head couldn't have been dizzier.*
*Then a tall, beautiful serpent*
*in elegant white satin,*
*with her big eyes green and gold*
*like the lights on the river steamers —*
*yes, Luandinha, none other —*
*entered and greeted me.*
*She complimented me*
*in a language I didn't know;*
*but when she blew cigar smoke*
*into my ears and nostrils*
*I understood, like a dog,*

Fui penetrando no rio
e de repente uma porta
abriu-se pra dentro, rangendo
um pouquinho, com o dintel
todo coberto de água.
Olhei pra trás. Vi minha casa,
branca que nem um lençol
esquecido à beira-rio,
pensei na minha mulher,
mas eu estava decidido.

Me deram uma cumbuca
de cachaça e um charuto.
O fumo subia na água
feito névoa, e respirávamos
sem formar nenhuma bolha.
Tomamos cachaça e fumamos
aqueles charutos verdes.
A sala se encheu de fumaça
esverdeada, e fiquei tonto.
Então uma cobra bonita,
faceira, de cetim branco,
olhões dourados e verdes
como os faróis de um gaiola —
ela mesma, a Luandinha —
entrou e me deu bom-dia.
Falou comigo umas coisas
nalguma língua estrangeira;
mas quando soprou fumaça
nos meus ouvidos, na hora
entendi, feito um cachorro,

*although I can't speak it yet.
They showed me room after room
and took me from here to Belém
and back again in a minute.
In fact, I'm not sure where I went,
but miles, under the river.*

*Three times now I've been there.
I don't eat fish any more.
There is fine mud on my scalp
and I know from smelling my comb
that the river smells in my hair.
My hands and feet are cold.
I look yellow, my wife says,
and she brews me stinking teas
I throw out, behind her back.
Every moonlit night
I'm to go back again.
I know some things already,
but it will take years of study,
it is all so difficult.
They gave me a mottled rattle
and a pale-green coral twig
and some special weeds like smoke.
(They're under my canoe.)
When the moon shines on the river,
oh, faster than you can think it
we travel upstream and downstream,
we journey from here to there,
under the floating canoes,
right through the wicker traps,*

mesmo sem saber falar.
Me mostraram as salas todas,
me levaram até Belém
e voltamos num minuto.
Nem sei direito aonde fui,
mas fui longe, e por den'd'água.

Três vezes já estive lá.
Eu parei de comer peixe.
Tenho lama na cabeça
e quando cheiro meu pente
sinto os odores do rio.
Meus pés e mãos estão frios.
Minha mulher me acha amarelo,
me dá uns chás fedorentos
que eu jogo fora escondido.
Toda noite de luar
eu volto lá outra vez.
Tem coisas que já aprendi,
mas vou ter que estudar anos,
que é tudo muito difícil.
Me deram um chocalho mosqueado
e um galho de coral verde
e umas ervas feito fumo.
(Guardo tudo na canoa.)
Quando o rio se enluara,
ah, nós viajamos depressa,
rio acima, rio abaixo,
pra tudo quanto é lugar,
por debaixo das canoas,
atravessando os puçás,

*when the moon shines on the river
and Luandinha gives a party.
Three times now I've attended.
Her rooms shine like silver
with the light from overhead,
a steady steam of light
like at the cinema.*

*I need a virgin mirror
no one's ever looked at,
that's never looked back at anyone,
to flash up the spirits' eyes
and help me recognize them.
The storekeeper offered me
a box of little mirrors,
but each time I picked one up
a neighbor looked over my shoulder
and then that one was spoiled —
spoiled, that is, for anything
but the girls to look at their mouths in,
to examine their teeth and smiles.*

*Why shouldn't I be ambitious?
I sincerely desire to be
a serious sacaca
like Fortunato Pombo,
or Lúcio, or even
the great Joaquim Sacaca.
Look, it stands to reason
that everything we need
can be obtained from the river.*

quando o rio se enluara
e Luandinha dá festa.
Três vezes já estive lá.
As salas brilham prateadas
com uma luz que vem de cima,
um rio de luz constante,
igualzinho no cinema.

Preciso de um espelho virgem
um que ninguém nunca olhou,
que nunca olhou pra ninguém,
pra olhar nos olhos dos espíritos
e reconhecer cada um.
Na loja me deram uma caixa
cheia de espelhos novos,
mas cada um que eu pegava
alguém trás de mim se mirava
e pronto, estragava o espelho,
que agora só servia mesmo
pra moça ficar se olhando,
vendo os dentes e o sorriso.

Sou ambicioso, sim,
quero mesmo me tornar
um sacaca de verdade,
como Fortunato Pombo,
ou Lúcio, quem sabe até
o grande Joaquim Sacaca.
Pois veja só: tudo aquilo
de que a gente necessita
é no rio que a gente pega.

*It drains the jungles; it draws
from trees and plants and rocks
from half around the world,
it draws from the very heart
of the earth the remedy
for each of the diseases —
one just has to know how to find it.
But everything must be there
in that magic mud, beneath
the multitudes of fish,
deadly or innocent,
the giant pirarucús,
the turtles and crocodiles,
tree trunks and sunk canoes,
with the crayfish, with the worms
with tiny electric eyes
turning on and off and on.
The river breathes in salt
and breathes it out again,
and all is sweetness there
in the deep, enchanted silt.*

*When the moon burns white
and the river makes that sound
like a primus pumped up high —
that fast, high whispering
like a hundred people at once —
I'll be there below,
as the turtle rattle hisses
and the coral gives the sign,
travelling fast as a wish,*

O rio rasga a floresta;
das plantas e pedras do mundo
ele retira os remédios
saídos do fundo da terra
que curam todos os males,
toda doença que existe —
é só saber procurar.
Mas esses remédios se encontram
no meio do lodo mágico,
debaixo dos peixes todos,
uns mansos, outros mortais,
pirarucus gigantescos,
tartarugas, jacarés,
troncos, canoas perdidas,
pitus e surucuranas
de olhinhos acende-apaga
como lâmpadas elétricas.
O rio respira sal,
inspira e depois expira,
e lá no fundo encantado
tudo é macio e doce.

Quando a lua brilha branca
e o rio faz aquele som
de chama de fogão a gás —
aquele chiado que lembra
cem pessoas cochichando —
eu hei de estar lá no fundo,
o chocalho chocalhando,
o coral dando sinal,
voando feito o desejo,

*with my magic cloak of fish
swerving as I swerve,
following the veins,
the river's long, long veins,
to find the pure elixirs.
Godfathers and cousins,
your canoes are over my head;
I hear your voices talking.
You can peer down and down
or dredge the river bottom
but never, never catch me.
When the moon shines and the river
lies across the earth
and sucks it like a child,
then I will go to work
to get you health and money.
The Dolphin singled me out;
Luandinha seconded it.*

meu manto de peixe mágico
esvoaçando atrás de mim,
seguindo as veias compridas,
as veias compridas do rio,
em busca dos elixires.
Meus padrinhos, meus primos,
ouço vocês conversando
dentro das suas canoas.
Podem olhar cá pra baixo,
podem até dragar o fundo
que nunca vão me encontrar.
Quando a lua brilha branca
e o rio mama nas tetas
da terra feito um neném,
eu trabalho pra vocês
terem saúde e dinheiro.
O Boto me escolheu,
e Luandinha deu fé.

## *twelfth morning; or what you will*

*Like a first coat of whitewash when it's wet,
the thin gray mist lets everything show through:
the black boy Balthazár, a fence, a horse,
    a foundered house,*

*— cement and rafters sticking from a dune.
(The Company passes off these white but shopworn
dunes as lawns.) "Shipwreck," we say; perhaps
    this is a housewreck.*

*The sea's off somewhere, doing nothing. Listen.
An expelled breath. And faint, faint, faint
(or are you hearing things), the sandpipers'
    heart-broken cries.*

*The fence, three-strand, barbed-wire, all pure rust,
three dotted lines, comes forward hopefully
across the lots; thinks better of it; turns
    a sort of corner...*

*Don't ask the big white horse,* Are you supposed
to be inside the fence or out? *He's still
asleep. Even awake, he probably
    remains in doubt.*

*He's bigger than the house. The force of
personality, or is perspective dozing?
A pewter-colored horse, an ancient mixture,
    tin, lead, and silver,*

**manhã de santos reis; ou, como quiseres**

Qual muro caiado com uma só demão,
tudo se entrevê em meio à névoa fina:
negrinho Baltazar, cavalo, cerca
    e uma casa em ruínas,

— cimento e traves saindo de uma duna.
(Dunas brancas, erodidas, alugadas
como gramados.) "Naufrágio", dizemos,
    não de navio: de casa.

O mar, algures, não faz nada. Escute:
alguém que expira. E ao longe, muito ao longe
(ou é imaginação?), os maçaricos
    piando, melancólicos.

A cerca — arame farpado, ferrugem
pura — avança entre os terrenos; porém,
pensando bem, acha melhor virar
    uma espécie de esquina...

Não pergunte ao cavalo: *Você está
dentro ou fora da cerca?* Ele ainda dorme.
Provavelmente, mesmo se acordado
    ele não tem certeza.

Ele é maior que a casa. Será efeito
da personalidade ou da perspectiva?
Cavalo cor de peltre — liga antiga,
    estanho, chumbo e prata,

*he gleams a bit. But the four-gallon can
approaching on the head of Balthazár
keeps flashing that the world's a pearl,* and I,
    I am

its highlight! *You can hear the water now,
inside, slap-slapping. Balthazár is singing.
"Today's my Anniversary,"* he sings,
    *"the Day of Kings."*

                                                       Cabo Frio

*

brilha, um pouquinho. Mas a lata d'água
enorme equilibrada na cabeça
de Baltazar diz: o mundo é uma pérola,
    *e eu, e eu, eu sou*

*o brilho dela!* A água, chuá, chuá,
dentro da lata grande. E Baltazar
canta que canta: "É meu aniversário,
    Dia de Santos Reis."

*Cabo Frio*

## *the burglar of babylon*

*On the fair green hills of Rio*
  *There grows a fearful stain:*
*The poor who come to Rio*
  *And can't go home again.*

*On the hills a million people,*
  *A million sparrows, nest,*
*Like a confused migration*
  *That's had to light and rest,*

*Building its nests, or houses,*
  *Out of nothing at all, or air.*
*You'd think a breath would end them,*
  *They perch so lightly there.*

*But they cling and spread like lichen,*
  *And the people come and come.*
*There's one hill called the Chicken,*
  *And one called Catacomb;*

*There's the hill of Kerosene,*
  *And the hill of the Skeleton,*
*The hill of Astonishment,*
  *And the hill of Babylon.*

*Micuçú\* was a burglar and killer,*

---

\* *Micuçú (mē-coo-soo) is the folk name of a deadly snake, in the north.*

## o ladrão da babilônia

Nos morros verdes do Rio
    Há uma mancha a se espalhar:
São os pobres que vêm pro Rio
    E não têm como voltar.

São milhares, são milhões,
    São aves de arribação,
Que constroem ninhos frágeis
    De madeira e papelão,

Parecem tão leves que um sopro
    Os faria desabar.
Porém grudam feito liquens,
    Sempre a se multiplicar.

Pois cada vez vem mais gente.
    Tem o morro da Macumba,
Tem o morro da Galinha,
    E o morro da Catacumba;

Tem o morro do Querosene,
    O Esqueleto, o da Congonha,
Tem o morro do Pasmado
    E o morro da Babilônia.

Micuçu* era ladrão

---

* Nome popular de uma cobra da região Norte cujo veneno é mortal.

*An enemy of society.*
*He had escaped three times*
*    From the worst penitentiary.*

*They don't know how many he murdered*
*    (Though they say he never raped),*
*And he wounded two policemen*
*    This last time he escaped.*

*They said, "He'll go to his auntie,*
*    Who raised him like a son.*
*She has a little drink shop*
*    On the hill of Babylon."*

*He did go straight to his auntie,*
*    And he drank a final beer.*
*He told her, "The soldiers are coming,*
*    And I've got to disappear.*

*"Ninety years they gave me.*
*    Who wants to live that long?*
*I'll settle for ninety hours,*
*    On the hill of Babylon.*

*"Don't tell anyone you saw me.*
*    I'll run as long as I can.*
*You were good to me, and I love you,*
*    But I'm a doomed man."*

*Going out, he met a mulata*
*    Carrying water on her head.*

E assassino sanguinário.
Tinha fugido três vezes
    Da pior penitenciária.

Dizem que nunca estuprava,
    (Mas matou uns quatro ou mais).
Da última vez que escapou
    Feriu dois policiais.

Disseram: "Ele vai atrás da tia,
    Que criou o sem-vergonha.
Ela tem uma birosca
    No morro da Babilônia."

E foi mesmo lá na tia,
    Beber e se despedir:
"Eu tenho que me mandar,
    Os home tão vindo aí.

"Eu peguei noventa anos.
    Nem quero viver tudo isso!
Só quero noventa minutos,
    Uma cerveja e um chouriço.

"Brigado por tudo, tia,
    A senhora foi muito legal.
Vou tentar fugir dos home,
    Mas sei que eu vou me dar mal."

Encontrou uma mulata
    Logo na primeira esquina.

*"If you say you saw me, daughter,
   You're just as good as dead."*

*There are caves up there, and hideouts,
   And an old fort, falling down.
They used to watch for Frenchmen
   From the hill of Babylon.*

*Below him was the ocean.
   It reached far up the sky,
Flat as a wall, and on it
   Were freighters passing by,*

*Or climbing the wall, and climbing
   Till each looked like a fly,
And then fell over and vanished;
   And he knew he was going to die.*

*He could hear the goats baa-baa-ing,
   He could hear the babies cry;
Fluttering kites strained upward;
   And he knew he was going to die.*

*A buzzard flapped so near him
   He could see its naked neck.
He waved his arms and shouted,
   "Not yet, my son, not yet!"*

*An Army helicopter
   Came nosing around and in.
He could see two men inside it,*

"Se tu contar que me viu
    Tu vai morrer, viu, minha fia?"

Lá no alto tem caverna,
    Tem esconderijo bom,
Tem um forte abandonado
    Do tempo de Villegaignon.

Micuçu olhava o mar
    E o céu, liso como um muro.
Viu um navio se afastando,
    Virando um pontinho escuro,

Feito uma mosca, um mosquito,
    Até desaparecer
Por detrás do horizonte.
    E pensou: "Eu vou morrer."

Ouvia berro de cabra,
    Ouvia choro de bebê,
Via pipa rabeando
    E pensava: "Eu vou morrer."

Urubu voou bem baixo,
    Micuçu gritou: "Péra aí",
Acenando com o braço,
    "Que eu ainda não morri!"

Veio helicóptero do Exército
    Bem atrás do urubu.
Lá dentro ele viu dois homens

*But they never spotted him.*

*The soldiers were all over,*
 *On all sides of the hill,*
*And right against the skyline*
 *A row of them, small and still.*

*Children peeked out of windows,*
 *And men in the drink shop swore,*
*And spat a little cachaça*
 *At the light cracks in the floor.*

*But the soldiers were nervous, even*
 *With tommy guns in hand,*
*And one of them, in a panic,*
 *Shot the officer in command.*

*He hit him in three places;*
 *The other shots went wild.*
*The soldier had hysterics*
 *And sobbed like a little child.*

*The dying man said, "Finish*
 *The job we came here for."*
*He committed his soul to God*
 *And his sons to the Governor.*

*They ran and got a priest,*
 *And he died in hope of Heaven*
*— A man from Pernambuco,*
 *The youngest of eleven.*

Que não viram Micuçu.

Logo depois começou
    Uma barulheira medonha.
Eram os soldados subindo
    O morro da Babilônia.

Das janelas dos barracos,
    As crianças espiavam.
Nas biroscas, os fregueses
    Bebiam pinga e xingavam.

Mas os soldados tinham medo
    Do terrível meliante.
Um deles, num acesso de pânico,
    Metralhou o comandante.

Três dos tiros acertaram,
    Os outros tiraram fino.
O soldado ficou histérico:
    Chorava feito um menino.

O oficial deu suas ordens,
    Virou pro lado, suspirou,
Entregou a alma a Deus
    E os filhos ao governador.

Buscaram depressa um padre,
    Que lhe deu a extrema-unção.
— Ele era de Pernambuco,
    O mais moço de onze irmãos.

*They wanted to stop the search,*
 *But the Army said, "No, go on,"*
*So the soldiers swarmed again*
 *Up the hill of Babylon.*

*Rich people in apartments*
 *Watched through binoculars*
*As long as the daylight lasted.*
 *And all night, under the stars,*

*Micuçú hid in the grasses*
 *Or sat in a little tree,*
*Listening for sounds, and staring*
 *At the lighthouse out at sea.*

*And the lighthouse stared back at him,*
 *Till finally it was dawn.*
*He was soaked with dew, and hungry,*
 *On the hill of Babylon.*

*The yellow sun was ugly,*
 *Like a raw egg on a plate —*
*Slick from the sea. He cursed it,*
 *For he knew it sealed his fate.*

*He saw the long white beaches*
 *And people going to swim,*
*With towels and beach umbrellas,*
 *But the soldiers were after him.*

*

Queriam parar a busca,
    Mas o Exército não quis.
E os soldados continuaram
    À procura do infeliz.

Os ricos, nos apartamentos,
    Sem a menor cerimônia,
Apontavam seus binóculos
    Pro morro da Babilônia.

Depois, à noite, no mato,
    Micuçu ficou de vigília,
De ouvido atento, olhando
    Pro farol lá longe, na ilha,

Que olhava pra ele também.
    Depois dessa noite de insônia
Estava com frio e com fome,
    No morro da Babilônia.

O sol nasceu amarelo,
    Feio que nem um ovo cru.
Aquele sol desgraçado
    Era o fim de Micuçu.

Ele via as praias brancas,
    Os banhistas bem-dormidos
Com barracas e toalhas.
    Mas ele era um foragido.

*Far, far below, the people*
>*Were little colored spots,*
*And the heads of those in swimming*
>*Were floating coconuts.*

*He heard the peanut vendor*
>*Go peep-peep on his whistle,*
*And the man that sells umbrellas*
>*Swinging his watchman's rattle.*

*Women with market baskets*
>*Stood on the corners and talked,*
*Then went on their way to market,*
>*Gazing up as they walked.*

*The rich with their binoculars*
>*Were back again, and many*
*Were standing on the rooftops,*
>*Among TV antennae.*

*It was early, eight or eight-thirty.*
>*He saw a soldier climb,*
*Looking right at him. He fired,*
>*And missed for the last time.*

*He could hear the soldier panting,*
>*Though he never got very near.*
*Micuçú dashed for shelter.*
>*But he got it, behind the ear.*

*He heard the babies crying*

A praia era um formigueiro:
    Toda a areia fervilhava,
E as cabeças dentro d'água
    Eram cocos que boiavam.

Micuçu ouviu o pregão
    Do vendedor de barraca,
E o homem do amendoim
    Rodando sua matraca.

Mulheres que iam à feira
    Paravam um pouco na esquina
Pra conversar com as vizinhas,
    E às vezes olhavam pra cima.

Os ricos, com seus binóculos,
    Voltaram às janelas abertas.
Uns subiam à cobertura
    Para assistir mais de perto.

Micuçu viu um soldado —
    Isso foi às oito e dez —
E tentou dar um tiro nele.
    Errou pela última vez.

Micuçu ouvia o soldado
    Ofegante, esbaforido.
Tentou se embrenhar no mato.
    Levou uma bala no ouvido.

Ouviu um bebê chorando

*Far, far away in his head,*
*And the mongrels barking and barking*
*Then Micuçú was dead.*

*He had a Taurus revolver,*
*And just the clothes he had on,*
*With two contos in the pockets,*
*On the hill of Babylon.*

*The police and the populace*
*Heaved a sigh of relief,*
*But behind the counter his auntie*
*Wiped her eyes in grief.*

*"We have always been respected.*
*My shop is honest and clean.*
*I loved him, but from a baby*
*Micuçú was always mean.*

*"We have always been respected.*
*His sister has a job.*
*Both of us gave him money.*
*Why did he have to rob?*

*"I raised him to be honest,*
*Even here, in Babylon slum."*
*The customers had another,*
*Looking serious and glum.*

*But one of them said to another,*
*When he got outside the door,*

E sua vista escureceu.
Um vira-lata latiu.
　　Então Micuçu morreu.

Tinha um revólver Taurus
　　E mais as roupas do corpo,
Com dois contos no bolso.
　　Foi tudo que acharam com o morto.

A polícia e a população
　　Respiraram aliviadas.
Porém, na birosca, a tia
　　Chorava desesperada.

"Eu criei ele direito,
　　Com carinho, com amô.
Mas não sei, desde pequeno
　　Micuçu nunca prestô.

"Eu e a irmã dava dinheiro,
　　Nunca faltou nada, não.
Por que foi que esse menino
　　Cismou de virar ladrão?

"Eu criei ele direito,
　　Mesmo aqui, nessa favela."
No balcão os homens bebiam,
　　Sérios, sem olhar pra ela.

Mas já fora da birosca
　　Comentou um dos fregueses:

*"He wasn't much of a burglar,*
 *He got caught six times — or more."*

*This morning the little soldiers*
 *Are on Babylon hill again;*
*Their gun barrels and helmets*
 *Shine in a gentle rain.*

*Micuçú is buried already.*
 *They're after another two,*
*But they say they aren't as dangerous*
 *As the poor Micuçú.*

*On the fair green hills of Rio*
 *There grows a fearful stain:*
*The poor who come to Rio*
 *And can't go home again.*

*There's the hill of Kerosene,*
 *And the hill of the Skeleton,*
*The hill of Astonishment,*
 *And the hill of Babylon.*

"Ele era um ladrão de merda.
    Foi pego mais de seis vezes."

Hoje está chovendo fino
    E estão de volta os soldados,
Com fuzis-metralhadoras
    E capacetes molhados.

Vieram dar mais uma batida,
    Só que é outro o criminoso.
Mas o pobre Micuçu —
    Dizem — era mais perigoso.

Nos morros verdes do Rio
    Há uma mancha a se espalhar:
São os pobres que vêm pro Rio
    E não têm como voltar.

Tem o morro do Querosene,
    O Esqueleto, o da Congonha,
Tem o morro do Pasmado
    E o morro da Babilônia.

**elsewhere**

**outros lugares**

## *in the village (a story)*

*A scream, the echo of a scream, hangs over that Nova Scotian village. No one hears it; it hangs there forever, a slight stain in those pure blue skies, skies that travellers compare to those of Switzerland, too dark, too blue, so that they seem to keep on darkening a little more around the horizon — or is it around the rims of the eyes? — the color of the cloud of bloom on the elm trees, the violet on the fields of oats; something darkening over the woods and waters as well as the sky. The scream hangs like that, unheard, in memory — in the past, in the present, and those years between. It was not even loud to begin with, perhaps. It just came there to live, forever — not loud, just alive forever. Its pitch would be the pitch of my village. Flick the lightning rod on top of the church steeple with your fingernail and you will hear it.*

*She stood in the large front bedroom with sloping walls on either side, papered in wide white and dim-gold stripes. Later, it was she who gave the scream.*

*The village dressmaker was fitting a new dress. It was her first in almost two years and she had decided to come out of black, so the dress was purple. She was very thin. She wasn't at all sure whether she was going to like the dress or not and she kept lifting the folds of the skirt, still unpinned and dragging on the floor around her, in her thin white hands, and looking down at the cloth.*

*"Is it a good shade for me? Is it too bright? I don't know. I haven't worn colors for so long now How long? Should it be black? Do you think I should keep on wearing black?"*

## na aldeia (uma história)

Um grito, o eco de um grito; paira sobre aquela aldeia da Nova Escócia. Ninguém o ouve; o grito paira ali para sempre, uma manchinha naqueles céus de um azul puro; céus que os viajantes comparam aos da Suíça, tão escuros, tão azuis que parecem continuar escurecendo mais um pouco ao redor do horizonte — ou seria ao redor das bordas dos olhos? — a cor das nuvens de flores dos olmos, o violeta dos campos de aveia; algo que escurece nos bosques e nas águas, e não só no céu. É assim que o grito permanece suspenso, inaudível, na memória — no passado, no presente e nos anos que os separam. Talvez até não tenha soado muito alto. Simplesmente se instalou ali de modo definitivo — não muito alto, mas vivo para sempre. Seu tom seria o tom de minha aldeia. Para ouvi-lo, basta dar um peteleco no para-raios no alto da torre da igreja.

Ela estava no amplo quarto da frente, de paredes inclinadas dos dois lados, revestido de um papel de parede largo, com largos riscos brancos e dourados. Foi ela que, depois, deu o grito.

A costureira da aldeia estava ajustando um vestido novo. Era seu primeiro vestido em quase dois anos, e ela havia decidido sair do luto, por isso o vestido era roxo. Ela era muito magra. Não sabia se ia ou não gostar do vestido, e a toda hora levantava as dobras da saia, ainda livre de alfinetes e arrastando-se no chão a sua volta, com as mãos magras e brancas, e olhava para baixo, para a fazenda.

"Será que esse tom fica bem em mim? Não é vivo demais? Não sei. Não uso roupa de cor há tanto tempo... Quanto tempo? Não seria melhor se fosse preto? Acha que eu devia continuar de preto?"

*Drummers sometimes came around selling gilded red or green books, unlovely books, filled with bright new illustrations of the Bible stories. The people in the pictures wore clothes like the purple dress, or like the way it looked then.*

*It was a hot summer afternoon. Her mother and her two sisters were there. The older sister had brought her home, from Boston, not long before, and was staying on, to help. Because in Boston she had not got any better, in months and months — or had it been a year? In spite of the doctors, in spite of the frightening expenses, she had not got any better.*

*First, she had come home, with her child. Then she had gone away again, alone, and left the child. Then she had come home. Then she had gone away again, with her sister; and now she was home again.*

*Unaccustomed to having her back, the child stood now in the doorway, watching. The dressmaker was crawling around and around on her knees eating pins as Nebuchadnezzar had crawled eating grass. The wallpaper glinted and the elm trees outside hung heavy and green, and the straw matting smelled like the ghost of hay.*

*Clang.*

Clang.

*Oh, beautiful sounds, from the blacksmith's shop at the end of the garden! Its gray roof, with patches of moss, could be seen above the lilac bushes. Nate was there — Nate, wearing a long black leather apron over his trousers and bare chest, sweating hard, a black leather cap on top of dry, thick, black-and-gray curls, a black sooty face; iron filings, whiskers, and gold teeth, all together, and a smell of red-hot metal and horses' hoofs.*

Às vezes apareciam caixeiros-viajantes vendendo livros vermelhos ou verdes, com as beiras das páginas douradas, livros nada bonitos, cheios de novas ilustrações em cores vivas das histórias da Bíblia. As pessoas nessas ilustrações usavam roupas que eram parecidas com o vestido roxo, pelo menos tal como ele estava agora.

Era uma tarde quente de verão. A mãe e as irmãs dela estavam presentes. A irmã mais velha a trouxera para casa, de Boston, havia não muito tempo, e tinha ficado para ajudar. Porque em Boston ela não melhorara, depois de tantos meses — ou teria chegado a um ano? Apesar dos médicos, apesar das despesas terríveis, ela não havia melhorado nem um pouco.

Primeiro ela veio para casa com a filha. Depois foi embora outra vez, sozinha, e deixou a menina. Depois veio para casa. Depois foi embora outra vez, com a irmã; e agora estava em casa de novo.

A criança, que ainda não havia se acostumado com a presença dela, agora estava parada à porta, olhando. A costureira estava dando voltas e mais voltas, de joelhos, comendo alfinetes, igual a Nabucodonosor comendo capim. O papel de parede reluzia, e os olmos lá fora estavam pesados, verdes, e do forro de palha ainda emanava a essência do feno.

Plém.

*Plém.*

Ah, belos sons, vindos da ferraria que ficava depois do jardim! O telhado cinzento, com manchas de musgo, aparecia acima dos lilases. Nate estava lá — Nate, com um avental de couro, negro e comprido, cobrindo as calças e o peito nu, suando em bicas, um boné de couro negro sobre os cabelos encaracolados, secos, espessos, negros e grisalhos, o rosto negro de fuligem; limalha de ferro, suíças e dentes de ouro, tudo junto, e um cheiro de metal candente e cascos de cavalo.

Clang.

*The pure note: pure and angelic.*

*The dress was all wrong. She screamed.*

*The child vanishes.*

*Later they sit, the mother and the three sisters, in the shade on the back porch, sipping sour, diluted ruby: raspberry vinegar. The dressmaker refuses to join them and leaves, holding the dress to her heart. The child is visiting the blacksmith.*

*In the blacksmith's shop things hang up in the shadows and shadows hang up in the things, and there are black and glistening piles of dust in each corner. A tub of night-black water stands by the forge. The horseshoes sail through the dark like bloody little moons and follow each other like bloody little moons to drown in the black water, hissing, protesting.*

*Outside, along the matted eaves, painstakingly, sweetly, wasps go over and over a honeysuckle vine.*

*Inside, the bellows creak. Nate does wonders with both hands; with one hand. The attendant horse stamps his foot and nods his head as if agreeing to a peace treaty.*

*Nod.*

*And nod.*

*A Newfoundland dog looks up at him and they almost touch noses, but not quite, because at the last moment the horse decides against it and turns away.*

*Outside in the grass lie scattered big, pale granite discs, like millstones, for making wheel rims on. This afternoon they are too hot to touch.*

*Now it is settling down, the scream.*

*Plém.*
A nota pura: pura e angelical.
O vestido estava todo errado. Ela gritou.
A criança desaparece.

Mais tarde, na sombra, na varanda dos fundos, a mãe e as três irmãs bebem uma bebida azeda, rubi diluído: vinagre de framboesa. A costureira recusa-se a ficar com elas e vai embora, apertando o vestido contra o peito. A criança foi visitar o ferreiro.

Na ferraria, coisas pendem nas sombras, e sombras pendem nas coisas, e montinhos negros e cintilantes de poeira nos cantos. Junto à fornalha há uma bacia de água negra como a noite. As ferraduras voam na escuridão como luazinhas de sangue, e uma após a outra se afogam na água negra, chiando, protestando.

Lá fora, ao longo da palha do beiral, lentamente, lindamente, vespas percorrem uma madressilva trepadeira.

Cá dentro, o fole range. Nate faz maravilhas com as duas mãos; com uma das mãos. O cavalo, à espera, bate com a pata no chão e balança a cabeça, como se assentisse em um tratado de paz.

Balança outra vez.

E mais outra.

Um terra-nova olha para ele, e os dois focinhos quase se tocam, mas não chegam a tocar-se, porque no último instante o cavalo muda de ideia e vira-se para o outro lado.

Lá fora, espalhados na grama, há grandes discos de granito claro, semelhantes a mós, que servem para fazer aros de roda. Nessa tarde estão tão quentes que não se pode tocá-los.

Agora ele está amainando, o grito.

*Now the dressmaker is at home, basting, but in tears. It is the most beautiful material she has worked on in years. It has been sent to the woman from Boston, a present from her mother-in-law, and heaven knows how much it cost.*

*Before my older aunt had brought her back, I had watched my grandmother and younger aunt unpacking her clothes, her "things." In trunks and barrels and boxes they had finally come, from Boston, where she and I had once lived. So many things in the village came from Boston, and even I had once come from there. But I remembered only being here, with my grandmother.*

*The clothes were black, or white, or black-and-white.*

*"Here's a mourning hat," says my grandmother, holding up something large, sheer, and black, with large black roses on it; at least I guess they are roses, even if black.*

*"There's that mourning coat she got the first winter," says my aunt.*

*But always I think they are saying "morning." Why, in the morning, did one put on black? How early in the morning did one begin? Before the sun came up?*

*"Oh, here are some house dresses!"*

*They are nicer. Clean and starched, stiffly folded. One with black polka dots. One of fine black-and-white stripes with black grosgrain bows. A third with a black velvet bow and on the bow a pin of pearls in a little wreath.*

*"Look. She forgot to take it off."*

Agora a costureira está em casa, alinhavando, mas aos prantos. Há anos que ela não trabalha com um tecido tão bonito. Veio de Boston, presente da sogra da mulher, e só Deus sabe quanto não terá custado.

Antes de ela chegar com minha tia mais velha, vi minha avó e minha tia mais moça desembalando as roupas dela, as "coisas" dela. Haviam finalmente chegado, em baús, em barris, em caixas, de Boston, onde eu e ela morávamos antes. Tantas coisas ali na aldeia vieram de Boston; até eu viera de lá. Porém eu não me lembrava de ter morado em outro lugar que não aqui, com minha avó.

As roupas eram pretas, ou brancas, ou pretas e brancas.

"Olhe aqui um chapéu de luto", disse minha avó, segurando um objeto grande, diáfano e preto, com grandes rosas pretas; pelo menos acho que são rosas, embora pretas.

"Veja aquele casaco de luto que ela comprou no primeiro inverno", diz minha tia.

Mas eu sempre entendo "manhã" em vez de "luto".* Por que as pessoas usariam preto de manhã? A que horas da manhã começaria? Antes de o sol nascer?

"Ah, uns vestidos de andar em casa!"

São mais bonitos. Limpos, dobrados, duros de goma. Um com bolinhas pretas. Um listradinho de preto e branco, com laços de gorgorão preto. Um terceiro com um laço de veludo preto e, no laço, um alfinete com pérolas formando uma grinalda.

"Olhe. Ela esqueceu de tirar."

---

* Em inglês, *mourning* ("luto") e *morning* ("manhã") pronunciam-se quase da mesma maneira.

*A white hat. A white embroidered parasol. Black shoes with buckles glistening like the dust in the blacksmith's shop. A silver mesh bag. A silver calling-card case on a little chain. Another bag of silver mesh, gathered to a tight, round neck of strips of silver that will open out, like the hatrack in the front hall. A silver-framed photograph, quickly turned over. Handkerchiefs with narrow black hems — "morning handkerchiefs." In bright sunlight, over breakfast tables, they flutter.*

*A bottle of perfume has leaked and made awful brown stains.*

*Oh, marvellous scent, from somewhere else! It doesn't smell like that here; but there, somewhere, it does, still.*

*A big bundle of postcards. The curdled elastic around them breaks. I gather them together on the floor.*

*Some people wrote with pale-blue ink, and some with brown, and some with black, but mostly blue. The stamps have been torn off many of them. Some are plain, or photographs, but some have lines of metallic crystals on them — how beautiful! — silver, gold, red, and green, or all four mixed together, crumbling off, sticking in the lines on my palms. All the cards like this I spread on the floor to study. The crystals outline the buildings on the cards in a way buildings never are outlined but should be — if there were a way of making the crystals stick. But probably not; they would fall to the ground, never to be seen again. Some cards, instead of lines around the buildings, have words written in their skies with the same stuff, crumbling, dazzling and crumbling, raining down a little on little people who sometimes stand about below: pictures of Pentecost?*

Um chapéu branco. Uma sombrinha branca, bordada. Sapatos pretos com fivelas reluzentes como a poeira da ferraria. Uma bolsa de malha de prata. Um estojo de cartões de visita, de prata, com uma correntinha. Outra bolsa de malha de prata, dobrada de modo a formar um cilindro apertado de tiras de prata, que se abre como o cabide de chapéus no hall de entrada. Uma fotografia com moldura de prata, virada mais que depressa. Lenços com finos debruns negros — "lenços da manhã". À luz forte do sol, à hora do café da manhã, eles esvoaçam.

Um frasco de perfume vazou e fez manchas escuras horrendas.

Ah, odor maravilhoso, vindo de algum lugar distante! Aqui não há cheiros assim, mas em algum lugar eles existem, ainda.

Um maço grande de cartões-postais. O elástico puído que os segura se rompe. Cato os cartões espalhados no chão.

Algumas pessoas escreviam com tinta azul-clara, outras com tinta marrom, outras com tinta preta, mas a maioria com tinta azul. De vários cartões os selos foram arrancados. Uns vêm em branco, outros trazem fotografias, mas alguns têm linhas de cristal metálico — que lindo! — prateadas, douradas, vermelhas ou verdes, ou então as quatro cores misturadas, já desprendendo-se do papelão, grudando-se nas linhas da palma de minhas mãos. Espalho todos os cartões desse tipo no chão para examiná-los. Os cristais assinalam os contornos dos prédios representados nos cartões, contornos que os prédios nunca têm, mas deviam ter —, se houvesse um jeito de mantê-los grudados. Mas provavelmente é impossível; eles se desprenderiam e cairiam e desapareceriam para sempre. Em alguns cartões, em vez de linhas em torno dos prédios há palavras escritas no céu com o mesmo material, se esfacelando, deslumbrantes, se esfacelando, chovendo um pouco sobre as

*What are the messages? I cannot tell, but they are falling on those specks of hands, on the hats, on the toes of their shoes, in their paths — wherever it is they are.*

*Postcards come from another world, the world of the grandparents who send things, the world of sad brown perfume, and morning. (The gray postcards of the village for sale in the village store are so unilluminating that they scarcely count. After all, one steps outside and immediately sees the same thing: the village, where we live, full size, and in color.)*

*Two barrels of china. White with a gold band. Broken bits. A thick white teacup with a small red-and-blue butterfly on it, painfully desirable. A teacup with little pale-blue windows in it.*

"See the grains of rice?" *says my grandmother, showing me the cup against the light.*

*Could you poke the grains out? No, it seems they aren't really there any more. They were put there just for a while and then they left something or other behind. What odd things people do with grains of rice, so innocent and small! My aunt says that she has heard they write the Lord's Prayer on them. And make them make those little pale-blue lights.*

*More broken china. My grandmother says it breaks her heart.* "Why couldn't they have got it packed better? Heaven knows what it cost."

"Where'll we put it all? The china closet isn't nearly big enough."

"It'll just have to stay in the barrels."

"Mother, you might as well use it."

"No," *says my grandmother.* "Where's the silver, Mother?"

pessoas que aparecem às vezes embaixo: imagens de Pentecostes? Que são essas mensagens? Não sei, mas elas estão caindo sobre as minúsculas mãos, os chapéus, os bicos dos sapatos, o chão — seja lá onde for que estão essas pessoas.

Os cartões-postais vêm de um outro mundo, o mundo dos avós que enviam coisas, o mundo do perfume marrom tão triste, e da manhã. (Os cartões-postais cinzentos que estão à venda na loja da aldeia nem contam, de tão pouco informativos que são. Afinal, é só pôr os pés na rua que se vê a mesma coisa que eles mostram: a aldeia onde moramos, em tamanho natural, e em cores.)

Dois barris cheios de louças. Brancas, com uma faixa dourada. Alguns cacos. Uma xícara de chá branca, grossa, com uma pequena borboleta vermelha e azul; a vontade de possuí-la é tão forte que chega a doer. Outra xícara de chá, com janelinhas azul-claras.

"Está vendo os grãos de arroz?", pergunta minha avó, mostrando-me a xícara contra a luz.

Seria possível tirá-los de dentro? Não, na verdade eles não estão mais lá. Os grãos ficaram ali por algum tempo, e depois deixaram no lugar um não sei quê. Que coisas estranhas as pessoas fazem com objetos tão pequenos e inocentes como grãos de arroz! Minha tia ouviu dizer que há quem escreva o Pai-Nosso neles. E é com eles que fazem aquelas janelinhas azul-claras.

Mais cacos de porcelana. Minha avó diz que aquilo dói em seu coração. "Por que não embalaram melhor? Sabe Deus quanto isso não há de custar."

"Onde é que vamos guardar tudo isso? No armário de louças é que não vai caber."

"O jeito é deixar dentro dos barris."

"Mamãe, a senhora podia muito bem usar."

"*Não*", responde minha avó.

*"In the vault in Boston."*

*Vault. Awful word. I run the tip of my finger over the rough, jewelled lines on the postcards, over and over. They hold things up to each other and exclaim, and talk, and exclaim, over and over.*

*"There's that cake basket."*

*"Mrs. Miles..."*

*"Mrs. Miles' spongecake..."*

*"She was very fond of her."*

*Another photograph —* "Oh, that Negro *girl! That* friend."

*"She went to be a medical missionary. She had a letter from her, last winter. From Africa."*

*"They were great friends."*

*They show me the picture. She, too, is black-and-white, with glasses on a chain. A morning friend.*

*And the smell, the wonderful smell of the dark-brown stains. Is it roses?*

*A tablecloth.*

*"She did beautiful work," says my grandmother.*

*"But look — it isn't finished."*

*Two pale, smooth wooden hoops are pressed together in the linen. There is a case of little ivory embroidery tools.*

*I abscond with a little ivory stick with a sharp point. To keep it forever I bury it under the bleeding heart by the crab-apple tree, but it is never found again.*

*Nate sings and pumps the bellows with one hand. I try to help, but he really does it all, from behind me, and laughs when the coals blow red and wild.*

"Onde está a prataria, mamãe?"

"No cofre, em Boston."

Cofre. Uma palavra horrível. Corro os dedos pelas linhas ásperas, brilhantes como joias, dos cartões-postais, repetidamente. As duas ficam a mostrar coisas uma à outra, e exclamar, e conversar, e exclamar, vez após vez.

"A tal cesta de bolo."

"Da sra. Miles..."

"O pão de ló da sra. Miles..."

"Ela gostava tanto dela."

Outra fotografia. "Ah, aquela *pretinha*! Aquela amiga dela."

"Virou médica missionária. Ela recebeu uma carta dela, no inverno passado. Da África."

"Eram amicíssimas."

Mostram-me a fotografia. Também a moça é preta e branca, óculos pendurados numa corrente. Uma amiga da manhã.

E o cheiro, o cheiro maravilhoso das manchas escuras. Será de rosas?

Uma toalha de mesa.

"Ela fazia umas coisas tão bonitas", diz minha avó.

"Mas veja... não está terminada."

Há dois aros de madeira clara e lisa apertados um contra o outro no linho. Há um estojo, contendo pequenos utensílios para bordar, de marfim.

Eu surrupio uma pequena agulha de marfim de ponta afiada. Para guardá-la para sempre, enterro-a debaixo de um arbusto junto ao pé de macieira silvestre, mas nunca mais consigo encontrá-la.


Nate canta e aperta o fole com uma das mãos. Tento ajudá-lo, mas na verdade é ele que faz tudo sozinho, atrás de mim, e ri quando as brasas se avivam, intensas.

"Faça um anel para mim! Faça um anel, Nate!"

*"Make me a ring! Make me a ring, Nate!"*

*Instantly it is made; it is mine.*

*It is too big and still hot, and blue and shiny. The horseshoe nail has a flat oblong head, pressing hot against my knuckle.*

*Two men stand watching, chewing or spitting tobacco, matches, horseshoe nails — anything, apparently, but with such presence; they are perfectly at home. The horse is the real guest, however. His harness hangs loose like a man's suspenders; they say pleasant things to him; one of his legs is doubled up in an improbable, affectedly polite way, and the bottom of his hoof is laid bare, but he doesn't seem to mind. Manure piles up behind him, suddenly, neatly. He, too, is very much at home. He is enormous. His rump is like a brown, glossy globe of the whole brown world. His ears are secret entrances to the underworld. His nose is supposed to feel like velvet and does, with ink spots under milk all over its pink. Clear bright-green bits of stiffened froth, like glass, are stuck around his mouth. He wears medals on his chest, too, and one on his forehead, and simpler decorations — red and blue celluloid rings overlapping each other on leather straps. On each temple is a clear glass bulge, like an eyeball, but in them are the heads of two other little horses (his dreams?), brightly colored, real and raised, untouchable, alas, against backgrounds of silver blue. His trophies hang around him, and the cloud of his odor is a chariot in itself.*

*At the end, all four feet are brushed with tar, and shine, and he expresses his satisfaction, rolling it from his nostrils like noisy smoke, as he backs into the shafts of his wagon.*

Imediatamente o anel é feito; é meu.

É grande demais, e ainda está quente, azul, brilhante. Sinto o cravo de ferradura, quente, com sua cabeça achatada, pressionando a junta de meu dedo.

Dois homens observam, mascando ou cuspindo fumo, fósforos, cravos de ferradura — seja lá o que for, com uma presença muito viva; estão perfeitamente em casa. Mas o convidado de honra é mesmo o cavalo. Seus arreios estão frouxos, como suspensórios; os homens dizem-lhe coisas agradáveis; uma de suas patas está dobrada de modo artificial, que denota uma polidez afetada, de modo a expor a sola do casco, mas pelo visto ele não se incomoda. De repente surge atrás dele um montinho de esterco, simétrico. Também o cavalo está perfeitamente em casa. Ele é enorme. Seu traseiro é como um globo terrestre, pardo e luzidio, representação de todo um mundo pardo. Suas orelhas são entradas secretas para o mundo subterrâneo. Dizem que suas narinas são como veludo, e são mesmo, rosadas, com manchas de tinta como que atenuadas por uma camada de leite. Em torno de sua boca há pedacinhos de espuma cristalizada, de um verde vivo e límpido. Além disso, ele ostenta medalhas no peito, e mais uma na testa, e enfeites mais simples — anéis de celuloide vermelho e azul que se sobrepõem em correias de couro. Em cada têmpora há uma esfera de vidro transparente, como um olho, mas dentro delas veem-se as cabeças de dois outros cavalinhos (serão sonhos seus?), de cores vivas, de verdade, em relevo, só que impossíveis de pegar, infelizmente, contra um fundo de azul prateado. A sua volta estão seus troféus, e a nuvem de seu odor é ela própria uma espécie de carruagem.

Por fim, as quatro patas são besuntadas de breu, e ficam brilhando; ele exprime seu contentamento, exalando-o das narinas como se fosse uma fumaça ruidosa, enquanto se instala, andando de costas, entre os varais de sua carroça.

*

*The purple dress is to be fitted again this afternoon but I take a note to Miss Gurley to say the fitting will have to be postponed. Miss Gurley seems upset.*

*"Oh dear. And how is —" And she breaks off.*

*Her house is littered with scraps of cloth and tissue-paper patterns, yellow, pinked, with holes in the shapes of A, B, C, and D in them, and numbers; and threads everywhere like a fine vegetation. She has a bosom full of needles with threads ready to pull out and make nests with. She sleeps in her thimble. A gray kitten once lay on the treadle of her sewing machine, where she rocked it as she sewed, like a baby in a cradle, but it got hanged on the belt. Or did she make that up? But another gray-and-white one lies now by the arm of the machine, in imminent danger of being sewn into a turban. There is a table covered with laces and braids, embroidery silks, and cards of buttons of all colors — big ones for winter coats, small pearls, little glass ones delicious to suck.*

*She has made the very dress I have on, "for twenty-five cents." My grandmother said my other grandmother would certainly be surprised at that.*

*The purple stuff lies on a table; long white threads hang all about it. Oh, look away before it moves by itself, or makes a sound; before it echoes, echoes, what it has heard!*

*Mysteriously enough, poor Miss Gurley — I know she is poor — gives me a five-cent piece. She leans over and drops it in the pocket of the red-and-white dress that she has*

*

Hoje à tarde estava marcada outra prova do vestido, mas levo um bilhete à srta. Gurley avisando que será necessário adiar. A srta. Gurley parece contrariada.

"Ah, meu Deus. E como que..." Não termina a frase.

Sua casa é cheia de retalhos de pano e moldes em papel de seda, amarelos, picotados, com furos formando as letras a, b, c e d, e números; e linhas por toda parte, como se fosse uma forma de vegetação. À altura do peito, tem um monte de agulhas com linha já enfiada, prontas para ser usadas para fazer ninhos. Ela dorme com o dedal. Outrora um gatinho cinzento ficava deitado no pedal de sua máquina de costura, balançando-se enquanto ela costurava, como um bebê no berço, mas ele enforcou-se na correia. Ou foi invenção dela? Mas agora há um outro gato, branco e cinzento, deitado junto ao braço da máquina, correndo o risco iminente de ser costurado dentro de um turbante. Há uma mesa coberta de rendas e galões, sedas para bordado, e cartelas de botões de todas as cores — uns grandes para casacos de inverno, outros de aljôfar, outros pequeninos de vidro, deliciosos de chupar.

Foi ela quem fez o vestido que estou usando, "por vinte e cinco cêntimos". Minha avó comentou que minha outra avó certamente ficaria espantada se soubesse.

O vestido roxo está numa mesa, cercado de compridas linhas brancas. Ah, desvie o olhar antes que ele se mexa sozinho, ou faça um barulho; antes que ele repita, repita o que ouviu!

Misteriosamente, a pobre srta. Gurley — sei que ela é pobre — me dá uma moeda de cinco cêntimos. Debruça-se sobre mim e joga a moedinha dentro do bolso do vestido

*made herself. It is very tiny, very shiny. King George's beard is like a little silver flame. Because they look like herring- or maybe salmon-scales, five-cent pieces are called "fish-scales." One heard of people's rings being found inside fish, or their long-lost jackknives. What if one could scrape a salmon and find a little picture of King George on every scale?*

*I put my five-cent piece in my mouth for greater safety on the way home, and swallow it. Months later, as far as I know, it is still in me, transmuting all its precious metal into my growing teeth and hair.*

*Back home, I am not allowed to go upstairs. I hear my aunts running back and forth and something like a tin washbasin falls bump in the carpeted upstairs hall.*

*My grandmother is sitting in the kitchen stirring potato mash for tomorrow's bread and crying into it. She gives me a spoonful and it tastes wonderful but wrong. In it I think I taste my grandmother's tears; then I kiss her and taste them on her cheek.*

*She says it is time for her to get fixed up, and I say I want to help her brush her hair. So I do, standing swaying on the lower rung of the back of her rocking chair.*

*The rocking chair has been painted and repainted so many times that it is as smooth as cream — blue, white, and gray all showing through. My grandmother's hair is silver and in it she keeps a great many celluloid combs, at the back and sides, streaked gray and silver to match. The one at the back*

vermelho e branco que ela mesma fez. É uma moeda muito pequena, muito reluzente. A barba do rei Jorge é como uma pequena chama prateada. Como elas lembram escamas de arenque ou talvez de salmão, as moedas de cinco cêntimos são chamadas de "escamas de peixe". Contavam histórias de anéis encontrados dentro de peixes, ou canivetes perdidos há muitos anos. E se a gente limpasse um peixe e encontrasse uma pequena efígie do rei Jorge em cada escama?

Ponho minha moeda de cinco cêntimos na boca, para não perdê-la no caminho de casa, e engulo-a. Meses depois, ao que tudo indica, ela continua dentro de mim, transmutando seu metal precioso em dentes e cabelos que crescem.

Chego em casa e não me deixam subir a escada. Ouço minhas tias correndo de um lado para o outro, e parece que alguém deixa cair uma bacia de metal, com um som abafado, no tapete do corredor do andar de cima.

Minha avó está sentada, na cozinha, mexendo a pasta de fécula de batata para o pão de amanhã e chorando dentro da panela. Ela me oferece uma colher; o gosto é delicioso, mas estranho. Fico achando que estou sentindo o gosto das lágrimas de minha avó; depois beijo-a e sinto o gosto delas em seu rosto.

Ela diz que é hora de se arrumar, e eu digo que quero ajudá-la a escovar os cabelos. E o faço, a subir e descer, em pé sobre a base de sua cadeira de balanço.

Essa cadeira já foi pintada e repintada tantas vezes que ficou lisa como creme — veem-se camadas superpostas de azul, branco e cinzento. Os cabelos de minha avó são prateados, e neles ela guarda um monte de pentes de celuloide, atrás e nos lados, com listas cinzentas e prateadas, para

*has longer teeth than the others and a row of sunken silver dots across the top, beneath a row of little balls. I pretend to play a tune on it; then I pretend to play a tune on each of the others before we stick them in, so my grandmother's hair is full of music. She laughs. I am so pleased with myself that I do not feel obliged to mention the five-cent piece. I drink a rusty, icy drink out of the biggest dipper; still, nothing much happens.*

*We are waiting for a scream. But it is not screamed again, and the red sun sets in silence.*


*Every morning I take the cow to the pasture we rent from Mr. Chisolm. She, Nelly, could probably go by herself just as well, but I like marching through the village with a big stick, directing her.*

*This morning it is brilliant and cool. My grandmother and I are alone again in the kitchen. We are talking. She says it is cool enough to keep the oven going, to bake the bread, to roast a leg of lamb.*

*"Will you remember to go down to the brook? Take Nelly around by the brook and pick me a big bunch of mint. I thought I'd make some mint sauce."*

*"For the leg of lamb?"*

*"You finish your porridge."*

*"I think I've had enough now..."*

*"Hurry up and finish that porridge."*

*There is talking on the stairs.*

*"No, now wait," my grandmother says to me. "Wait a minute."*

combinar com os cabelos. O pente que fica atrás tem dentes mais compridos do que os outros, e uma fileira de pontos prateados mais fundos na parte de cima, sob uma fileira de bolinhas. Finjo tocar uma música nesse pente; depois finjo tocar uma música em cada um dos outros antes de fincá--los em seus lugares, de modo que os cabelos de minha avó ficam cheios de música. Ela ri. Estou tão satisfeita comigo mesma que não me sinto na obrigação de falar na moeda de cinco cêntimos. Bebo um gole de água gelada, enferrujada, na caneca maior de todas; e ainda não acontece nada.

Estamos esperando pelo grito. Mas não vem grito nenhum, e o sol vermelho se põe em silêncio.

Todo dia de manhã levo a vaca para o pasto que alugamos do sr. Chisolm. A vaca, Nelly, talvez pudesse perfeitamente ir sozinha, mas gosto de desfilar pela cidade com uma vara grande na mão, conduzindo-a.

A manhã está luminosa e fria. Minha avó e eu estamos de novo só as duas na cozinha, conversando. Ela diz que com a friagem vale a pena deixar o forno ligado, para fazer o pão, para cozer um pernil de carneiro.

"Você não esquece de ir até o rio? Vá com a Nelly pelo caminho do rio e pegue um bom maço de hortelã para mim. Resolvi preparar um molho de hortelã."

"Para o pernil de carneiro?"

"Tome o seu mingau até o fim."

"Acho que eu já tomei bastante..."

"Acabe logo esse mingau."

Ouvem-se vozes na escada.

"Não, agora espere", diz minha avó. "Espere um minuto."

*My two aunts come into the kitchen. She is with them, wearing the white cotton dress with black polka dots and the flat black velvet bow at the neck. She comes and feeds me the rest of the porridge herself, smiling at me.*

"*Stand up now and let's see how tall you are,*" *she tells me.*

"*Almost to your elbow,*" *they say.* "*See how much she's grown.*"

"*Almost.*"

"*It's her hair.*"

*Hands are on my head, pushing me down; I slide out from under them. Nelly is waiting for me in the yard, holding her nose just under in the watering trough. My stick waits against the door frame, clad in bark.*


*Nelly looks up at me, drooling glass strings. She starts off around the corner of the house without a flicker of expression.*

*Switch. Switch. How annoying she is!*

*But she is a Jersey and we think she is very pretty.* "*From in front,*" *my aunts sometimes add.*

*She stops to snatch at the long, untrimmed grass around the gatepost.*

"*Nelly!*"

*Whack! I hit her hipbone.*

*On she goes without even looking around. Flop, flop, down over the dirt sidewalk into the road, across the village green in front of the Presbyterian church. The grass is gray with dew; the church is dazzling. It is high-shouldered and secretive; it leans backwards a little.*

Minhas duas tias entram na cozinha. Ela as acompanha, com o vestido branco de algodão com bolinhas pretas e um laço achatado de veludo preto no colarinho. Ela se aproxima e me dá o resto do mingau ela própria, sorrindo para mim.

"Fique em pé, quero ver a sua altura agora", ela me diz.

"Está quase batendo no seu cotovelo", dizem elas. "Veja como ela cresceu."

"Quase."

"É o cabelo dela."

Mãos pousam na minha cabeça e empurram-me para baixo; consigo escapulir. Nelly me espera no quintal, com o focinho mergulhado na gamela d'água. Minha vara espera apoiada no alizar, recoberta de casca de árvore.

Nelly olha para mim, babando fios de cristal. Começa a andar, contornando a casa, sem nenhuma expressão no rosto.

Lept, lept. Como ela é irritante!

Mas é uma vaca Jersey, e nós a achamos muito bonita. "Vista de frente", minhas tias acrescentam às vezes.

Ela para a fim de mordiscar o capim comprido em volta do mourão.

"Nelly!"

*Vapt!* Acerto-a bem nos quadris.

Ela toca adiante, sem sequer olhar para trás. Plaft, plaft, pela calçada de terra, chegando à estrada, atravessando o prado em frente à igreja presbiteriana. A grama está parda de orvalho; a igreja é de uma brancura ofuscante. Ela tem ombros altos, e é um tanto retraída; inclina-se um pouco para trás.

*Ahead, the road is lined with dark, thin old elms; grass grows long and blue in the ditches. Behind the elms the meadows run along, peacefully, greenly.*

*We pass Mrs. Peppard's house. We pass Mrs. McNeil's house. We pass Mrs. Geddes's house. We pass Hills' store.*

*The store is high, and a faded gray-blue, with tall windows, built on a long, high stoop of gray-blue cement with an iron hitching rail along it. Today, in one window there are big cardboard easels, shaped like houses — complete houses and houses with the roofs lifted off to show glimpses of the rooms inside, all in different colors — with cans of paint in pyramids in the middle. But they are an old story. In the other window is something new: shoes, single shoes, summer shoes, each sitting on top of its own box with its mate beneath it, inside, in the dark. Surprisingly, some of them appear to be exactly the colors and texture of pink and blue blackboard chalks, but I can't stop to examine them now. In one door, great overalls hang high in the air on hangers. Miss Ruth Hill looks out the other door and waves. We pass Mrs. Captain Mahon's house.*

*Nelly tenses and starts walking faster, making over to the right. Every morning and evening we go through this. We are approaching Miss Spencer's house. Miss Spencer is the milliner the way Miss Gurley is the dressmaker. She has a very small white house with the doorstep right on the sidewalk. One front window has lace curtains with a pale-yellow window shade pulled all the way down, inside them; the other one has a shelf across it on which are displayed four summer hats. Out of the corner of my eye I can see that there is a yellow chip straw with*

Adiante, a estrada é ladeada de olmos escuros e delgados; nas valas o capim está alto e azulado. Atrás dos olmos estendem-se os campos, tranquilos, verdes.

Passamos pela casa da sra. Peppard. Passamos pela casa da sra. McNeil. Passamos pela casa da sra. Geddes. Passamos pela loja dos Hill.

A loja é uma casa alta, de um tom esmaecido e acinzentado de azul, com vitrines compridas; tem na frente um alpendre alto e comprido de cimento do mesmo tom de azul, com uma cerca de ferro para amarrar cavalos. Hoje numa das vitrines veem-se grandes cavaletes de cartão, em forma de casa — casas completas e casas sem telhado para exibir o interior dos cômodos, cada um de uma cor —, com latas de tinta dispostas em pirâmides no meio. Mas nada disso é novidade. Na outra vitrine há uma coisa nova: sapatos, sapatos descasados, sapatos de verão, cada um em cima de sua caixa, estando o outro pé dentro da caixa, no escuro. Curiosamente, as cores e texturas de alguns deles lembram giz colorido com perfeição, mas não posso parar para examiná-los agora. Numa porta, macacões enormes estão pendurados em cabides colocados bem no alto. A sra. Ruth Hill está parada à outra porta, olhando para a rua, e acena com a mão. Passamos pela casa da sra. Mahon.

Nelly retesa-se e aperta o passo, desviando-se para a direita. Toda manhã e toda tarde isso se repete. Estamos chegando perto da casa da srta. Spencer. A srta. Spencer é a chapeleira, assim como a srta. Gurley é a costureira. Ela mora numa casinha branca muito pequena, cuja porta dá direto para a calçada. Uma das janelas da frente tem cortinas de renda com uma corrediça amarelo-clara puxada até embaixo, por dentro; a outra é dividida ao meio por uma prateleira onde se exibem quatro chapéus de verão. Com o canto do olho, percebo que um deles é um chapéu

*little wads of flamingo-colored feathers around the crown, but again there is no time to examine anything.*

*On each side of Miss Spencer's door is a large old lilac bush. Every time we go by Nelly determines to brush off all her flies on these bushes — brush them off forever, in one fell swoop. Then Miss Spencer is apt to come to the door and stand there, shaking with anger, between the two bushes still shaking from Nelly's careening passage, and yell at me, sometimes waving a hat in my direction as well.*

*Nelly leaning to the right, breaks into a cow trot. I run up with my stick.*

*Whack!*

*"Nelly!"*

*Whack!*

*Just this once she gives in and we rush safely by.*

*Then begins a long, pleasant stretch beneath the elms. The Presbyterian manse has a black iron fence with openwork four-sided pillars, like tall, thin bird cages, bird cages for storks. Dr. Gillespie, the minister, appears just as we come along, and rides slowly toward us on his bicycle.*

*"Good day." He even tips his hat.*

*"Good day."*

*He wears the most interesting hat in the village: a man's regular stiff straw sailor, only it is black. Is there a possibility that he paints it at home, with something like stove polish? Because once I had seen one of my aunts painting a straw-colored hat navy blue.*

de palha amarelo, com pequenos feixes de penas alaranjadas em torno da copa, porém mais uma vez não tenho tempo de examinar nada.

Há dois lilases, velhos e grandes, um de cada lado da porta da casa da srta. Spencer. Toda vez que passamos por lá, Nelly resolve esfregar-se nesses arbustos para livrar-se de todas suas moscas — de uma vez por todas, com uma única esfregadela enérgica. Então a srta. Spencer vem até a porta e lá fica, estremecendo de raiva, entre os dois lilases que ainda estremecem sob o efeito da passagem catastrófica de Nelly, e grita comigo, às vezes brandindo um chapéu em minha direção.

Nelly, inclinada para a direta, começa a correr. Vou até ela com minha vara.

*Vapt!*

"Nelly!"

*Vapt!*

Dessa vez, só dessa vez, ela obedece, e passamos sem problema.

Agora começa um trecho longo e agradável à sombra dos olmos. O presbitério tem uma grade preta de ferro com quatro pilares quadrados ornamentados, que lembram gaiolas compridas e finas, gaiolas para cegonhas. O dr. Gillespie, o ministro, aparece no momento em que passamos por lá, e aproxima-se de nós lentamente em sua bicicleta.

"Bom dia." Ele chega mesmo a inclinar o chapéu.

"Bom dia."

O dr. Gillespie usa o chapéu mais interessante da aldeia: um chapéu comum de marinheiro, de palha, só que é preto. Será possível que ele próprio o pinta em casa, talvez com lustrador de fogão? Porque uma vez eu vira uma das tias pintando um chapéu de palha de azul-marinho.

*Nelly, oblivious, makes cow flops. Smack. Smack. Smack. Smack.*

*It is fascinating. I cannot take my eyes off her. Then I step around them: fine dark-green and lacy and watery at the edges.*

*We pass the McLeans', whom I know very well. Mr. McLean is just coming out of his new barn with the tin hip roof and with him is Jock, their old shepherd dog, long-haired, black and white and yellow. He runs up barking deep, cracked, soft barks in the quiet morning. I hesitate.*

*Mr. McLean bellows, "Jock! You! Come back here! Are you trying to frighten her?"*

*To me he says, "He's twice as old as you are."*

*Finally I pat the big round warm head.*

*We talk a little. I ask the exact number of Jock's years but Mr. McLean has forgotten.*

"He hasn't hardly a tooth in his head and he's got rheumatism. I hope we'll get him through next winter. He still wants to go to the woods with me and it's hard for him in the snow. We'll be lost without him."

*Mr. McLean speaks to me behind one hand, not to hurt Jock's feelings:* "Deaf as a post."

*Like anybody deaf, Jock puts his head to one side.*

"He used to be the best dog at finding cows for miles around. People used to come from away down the shore to borrow him to find their cows for them. And he'd always find them. The first year we had to leave him behind when we went up to the mountain to get the cows I thought it would kill him. Well, when his teeth started going he couldn't do much with the

Nelly, indiferente, solta bolas de esterco. Ploft. Ploft. Ploft. Ploft.

É fascinante. Não consigo tirar os olhos dela. Depois vou examiná-las: um belo tom de verde-escuro, como que rendado e aguado nas bordas.

Passamos pela casa dos McLean, que conheço muito bem. O sr. McLean está nesse exato momento saindo de seu celeiro novo, com telhado de zinco, acompanhado de Jock, um velho cão pastor, de pelos longos, pretos, brancos e amarelos. Ele corre em minha direção; seus latidos graves, trêmulos e suaves perturbam a manhã silenciosa. Fico parada.

O sr. McLean grita: "Jock! Volte aqui! Você está querendo assustar a menina?".

Depois, dirigindo-se a mim: "Ele tem o dobro da sua idade".

Por fim, dou tapinhas na cabeçorra quente e redonda.

Conversamos um pouco. Pergunto exatamente quantos anos Jock tem, mas o sr. McLean não lembra.

"Ele não tem mais quase nenhum dente na boca, e sofre de reumatismo. Espero que ele se aguente até o final do inverno. Ele ainda quer ir comigo ao bosque, e é difícil para ele andar na neve. Vamos ficar sem saber o que fazer sem ele."

O sr. McLean acrescenta por trás das mãos, para não ferir a suscetibilidade de Jock: *"Surdo como uma porta"*.

Como todos os surdos, Jock inclina a cabeça para o lado.

"Ele era o melhor cachorro para encontrar vaca aqui da região. Vinha gente lá de longe para pedir o Jock emprestado para procurar vaca. E ele achava sempre. O primeiro ano que a gente não pôde levar o Jock conosco quando a gente foi à serra pegar as vacas, pensei que ele fosse morrer. Pois é, quando os dentes dele começaram a cair ele

cows any more. Effie used to say, 'I don't know how we'd run the farm without him.'"

Loaded down with too much black and yellow and white fur, Jock smiles, showing how few teeth he has. He has yellow caterpillars for eyebrows.

Nelly has gone on ahead. She is almost up the hill to Chisolm's when I catch up with her. We turn in to their steep, long drive, through a steep, bare yard crowded with unhappy apple trees. From the top, though, from the Chisolms' back yard, one always stops to look at the view.

There are the tops of all the elm trees in the village and there, beyond them, the long green marshes, so fresh, so salt. Then the Minas Basin, with the tide halfway in or out, the wet red mud glazed with sky blue until it meets the creeping lavender-red water. In the middle of the view, like one hand of a clock pointing straight up, is the steeple of the Presbyterian church. We are in the "Maritimes" but all that means is that we live by the sea.

Mrs. Chisolm's pale frantic face is watching me out the kitchen window as she washes the breakfast dishes. We wave, but I hurry by because she may come out and ask questions. But her questions are not as bad perhaps as those of her husband, Mr. Chisolm, who wears a beard. One evening he had met me in the pasture and asked me how my soul was. Then he held me firmly by both hands while he said a prayer, with his head bowed, Nelly right beside us chewing her cud all the time. I had felt a soul, heavy in my chest, all the way home.

I let Nelly through the set of bars to the pasture where the

já não podia fazer nada com as vacas. A Effie sempre dizia: 'Não sei como que a gente ia cuidar da fazenda sem ele'."

Sob uma camada excessiva de pelos pretos, amarelos e brancos, Jock sorri, mostrando como está desdentado. As sobrancelhas são duas lagartas amarelas.

Nelly seguiu em frente. Já quase chegou à casa dos Chisolm, no alto da ladeira, quando consigo alcançá-la. Entramos no terreno dos Chisolm, íngreme e nu, cheio de macieiras tristonhas, seguindo um caminho longo e íngreme. Lá do alto, porém, já no quintal dos fundos, todos sempre param para apreciar a vista.

Veem-se as copas de todos os olmos da aldeia, e depois deles, ao longe, os extensos charcos, tão verdejantes, tão salgados. Depois a Minas Basin, a meia maré-cheia ou meia vazante, a lama vermelha úmida vidrada de azul-celeste até juntar-se com as lentas águas vermelho-lilás. No meio da paisagem, como um ponteiro de relógio apontando diretamente para cima, desponta a torre da igreja presbiteriana. Estamos nas "províncias marítimas", mas isso só quer dizer que estamos perto do mar.

A sra. Chisolm me observa com seu rosto pálido e nervoso pela janela da cozinha, enquanto lava os pratos do café da manhã. Acenamos uma para a outra, mas trato de apressar-me para que ela não saia e venha me fazer perguntas. Mas piores ainda que as perguntas dela são as do marido, o sr. Chisolm, que usa barba. Uma tarde ele me pegou no pasto e perguntou como andava a minha alma. Então segurou-lhe as duas mãos com firmeza e começou a rezar, de cabeça baixa, enquanto Nelly a nosso lado ruminava. Senti que tinha uma alma, uma coisa pesada no meu peito, durante todo o caminho de volta.

Vou abrindo a série de porteiras para Nelly poder entrar

*brook is, to get the mint. We both take drinks and I pick a big bunch of mint, eating a little, scratchy and powerful. Nelly looks over her shoulder and comes back to try it, thinking, as cows do, it might be something especially for her. Her face is close to mine and I hold her by one horn to admire her eyes again. Her nose is blue and as shiny as something in the rain. At such close quarters my feelings for her are mixed. She gives my bare arm a lick, scratchy and powerful, too, almost upsetting me into the brook; then she goes off to join a black-and-white friend she has here, mooing to her to wait until she catches up.*

*For a while I entertain the idea of not going home today at all, of staying safely here in the pasture all day, playing in the brook and climbing on the squishy, moss-covered hummocks in the swampy part. But an immense, sibilant, glistening loneliness suddenly faces me, and the cows are moving off to the shade of the fir trees, their bells chiming softly, individually.*

*On the way home there are the four hats in Miss Spencer's window to study, and the summer shoes in Hills'. There is the same shoe in white, in black patent leather, and in the chalky, sugary, unearthly pinks and blues. It has straps that button around the ankle and above, four of them, about an inch wide and an inch apart, reaching away up.*

*In those unlovely gilded red and green books, filled with illustrations of the Bible stories, the Roman centurions wear them, too, or something very like them.*

*Surely they are my size. Surely, this summer, pink or blue, my grandmother will buy me a pair!*

no pasto onde fica o riacho, para colher a hortelã. Nós duas bebemos água, e eu pego um bom maço de hortelã, mastigando umas folhinhas, ásperas e fortes. Nelly olha para trás e volta para comer também, pensando, como sempre pensam as vacas, que talvez seja uma coisa especialmente para ela. Sua cara está junto à minha, e seguro-a por um dos chifres para admirar seus olhos de novo. O focinho é azul, luzidio, como um objeto largado na chuva. Assim tão de perto, meus sentimentos em relação a Nelly são contraditórios. Ela dá uma lambida em meu braço nu, áspera e forte também, quase me jogando dentro do rio; depois sai em direção a uma amiga malhada de preto e branco que sempre encontra aqui, mugindo para que ela a espere, até alcançá-la.

Por algum tempo, penso em não voltar mais para casa hoje, e ficar o dia inteiro aqui no pasto, onde tudo é tranquilo, brincando no riacho e subindo nos montinhos cobertos de musgo, lá no trecho pantanoso. Mas de repente me vejo diante de uma solidão imensa, sibilante, ofuscante, e as vacas estão indo para a sombra dos pinheiros, os sinos delas batendo de leve, um por um.

No caminho de volta examino os quatro chapéus na vitrine da srta. Spencer, e os sapatos de verão na loja dos Hill. Lá está o mesmo sapato branco, o de verniz preto, os de tons irreais de rosa ou azul, cores de giz ou açúcar. Ele tem correias que prendem atrás do calcanhar e em cima do pé, quatro ao todo, com dois centímetros de largura e outro tanto de intervalo entre elas, subindo a perna.

Naqueles livros feios, vermelhos e verdes, com dourado nas bordas das páginas, cheios de figuras de histórias da Bíblia, os centuriões romanos usam sapatos assim, ou bem parecidos.

Certamente são do meu tamanho. Certamente, neste verão, minha avó vai me dar um sapato desses, rosa ou azul!

*Miss Ruth Hill gives me a Moirs' chocolate out of the glass case. She talks to me: "How is she? We've always been friends. We played together from the time we were babies. We sat together in school. Right from primer class on. After she went away, she always wrote to me — even after she got sick the first time."*

*Then she tells a funny story about when they were little.*

*That afternoon, Miss Gurley comes and we go upstairs to watch the purple dress being fitted again. My grandmother holds me against her knees. My younger aunt is helping Miss Gurley, handing her the scissors when she asks. Miss Gurley is cheerful and talkative today.*

*The dress is smaller now; there are narrow, even folds down the skirt; the sleeves fit tightly, with little wrinkles over the thin white hands. Everyone is very pleased with it; everyone talks and laughs.*

*"There. You see? It's so becoming."*

*"I've never seen you in anything more becoming."*

*"And it's so nice to see you in color for a change."*

*And the purple is real, like a flower against the gold-and-white wallpaper.*

*On the bureau is a present that has just come, from an uncle in Boston whom I do not remember. It is a gleaming little bundle of flat, triangular satin pillows — sachets, tied together with a white satin ribbon, with an imitation rosebud on top of the bow. Each is a different faint color; if you take them apart, each has a different faint scent. But tied together the way they came, they make one confused, powdery one.*

A sra. Ruth Hill me dá um chocolate Moirs tirado da vitrine. "E como está ela? Sempre fomos amigas. Brincávamos juntas desde pequeninas. Desde a primeira série. Depois que ela foi embora, ela sempre me escreveu... mesmo depois que adoeceu pela primeira vez."

Então a sra. Hill me conta uma história engraçada do tempo que elas eram pequenas.

À tarde, vem a srta. Gurley, e vamos ao andar de cima ver mais uma prova do vestido roxo. Minha avó me aperta contra seus joelhos. Minha tia mais nova ajuda a srta. Gurley, entregando-lhe a tesoura quando ela a pede. A srta. Gurley está alegre e falante hoje.

Agora o vestido está menor; a saia tem dobras estreitas e uniformes; as mangas estão apertadas, com pequenas rugas nas mãos brancas e finas. Todo mundo aprecia muito o vestido; todo mundo fala e ri.

"Pronto. Está vendo? Ficou muito bem em você."

"Nunca vi uma roupa ficar tão bem em você."

"É tão bom ver você com uma roupa colorida para variar."

E o roxo é uma cor viva, como uma flor contra o fundo dourado e branco do papel de parede.

Sobre a cômoda há um presente que acaba de chegar, de um tio de Boston do qual não me lembro. É um maço de travesseirinhos de cetim, triangulares, achatados — sachês, amarrados com uma fita de cetim branco, com um botão de rosa artificial em cima do laço. Cada um é de uma cor, tons desmaiados; quando a gente os separa vê que cada um tem um perfume diferente, aromas suaves. Porém, todos juntos do jeito que vieram, têm um único cheiro confuso, poeirento.

*The mirror has been lifted off the bureau and put on the floor against the wall.*

*She walks slowly up and down and looks at the skirt in it.*

*"I think that's about right," says Miss Gurley, down on her knees and looking into the mirror, too, but as if the skirt were miles and miles away.*

*But, twitching the purple skirt with her thin white hands, she says desperately, "I don't know what they're wearing any more. I have no idea!" It turns to a sort of wail.*

*"Now, now," soothes Miss Gurley. "I do think that's about right. Don't you?" She appeals to my grandmother and me.*

*Light, musical, constant sounds are coming from Nate's shop. It sounds as though he were making a wheel rim.*

*She sees me in the mirror and turns on me: "Stop sucking your thumb!"*

*Then in a moment she turns to me again and demands, "Do you know what I want?"*

*"No."*

*"I want some humbugs. I'm dying for some humbugs. I don't think I've had any humbugs for years and years and years. If I give you some pennies, will you go to Mealy's and buy me a bag?"*

*To be sent on an errand! Everything is all right.*

*Humbugs are a kind of candy, although not a kind I am particularly fond of. They are brown, like brook water, but hard, and shaped like little twisted pillows. They last a long time, but lack the spit-producing brilliance of cherry or strawberry.*

O espelho foi tirado de cima da cômoda e colocado no chão, encostado na parede.

Ela anda lentamente de um lado para o outro e olha para o vestido no espelho.

"Acho que ficou bom", diz a srta. Gurley, ajoelhada no chão e olhando para o espelho também, mas como se o vestido estivesse a quilômetros de distância.

Porém, retorcendo o vestido roxo com as mãos brancas e finas, ela diz, em desespero: "Não sei mais o que está se usando. Não faço a menor *ideia!*". O grito se transforma numa espécie de gemido prolongado.

"Ora", diz a srta. Gurley, tentando acalmá-la, "pois eu achei que ficou bom. Não ficou?" Ela apela para minha avó e para mim.

Sons leves, musicais, constantes vêm da oficina de Nate. Parece que ele está fazendo um aro de roda.

Ela me vê no espelho e volta-se contra mim: "Tire esse dedo da boca!".

Então, no instante seguinte, dirige-se de novo para mim: "Sabe o que eu queria?".

"Não."

"Eu quero uns *humbugs*. Estou morrendo de vontade de chupar uns *humbugs*. Há anos e anos que eu não provo um. Se eu lhe der umas moedas, você vai até a Mealy e compra um saquinho para mim?"

Ela está me pedindo para comprar algo para ela! Então está tudo bem.

Os *humbugs* são uma espécie de bala da qual não gosto muito. São marrons, como a água do riacho, porém duros, em forma de pequenos travesseiros retorcidos. Duram muito tempo, mas não têm o dom prodigioso de estimular a salivação que têm as balas de cereja ou de morango.

*Mealy runs a little shop where she sells candy and bananas and oranges and all kinds of things she crochets. At Christmas, she sells toys, but only at Christmas. Her real name is Amelia. She also takes care of the telephone switchboard for the village, in her dining room.*

*Somebody finds a black pocketbook in the bureau. She counts out five big pennies into my hand, in a column, then one more.*

*"That one's for you. So you won't eat up all my humbugs on the way home."*

*Further instructions:*

*"Don't run all the way." "Don't stop on the bridge."*

*I do run, by Nate's shop, glimpsing him inside, pumping away with one hand. We wave. The beautiful, big Newfoundland dog is there again and comes out, bounding along with me a ways.*

*I do not stop on the bridge but slow down long enough to find out the years on the pennies. King George is much bigger than on a five-cent piece, brown as an Indian in copper, but he wears the same clothes; on a penny, one can make out the little ermine trimmings on his coat.*

*Mealy has a bell that rings when you go in so that she'll hear you if she's at the switchboard. The shop is a step down, dark, with a counter along one side. The ceiling is low and the floor has settled well over to the counter side. Mealy is broad and fat and it looks as though she and the counter and the showcase, stuffed dimly with things every which way, were settling down together out of sight.*

*Five pennies buys a great many humbugs. I must not take*

Mealy tem uma lojinha de balas, bananas, laranjas e mil e um artigos de crochê que ela mesma faz. No Natal, vende brinquedos, mas só no Natal. Seu nome verdadeiro é Amelia. Além disso, ela opera a mesa telefônica da aldeia, na sala de jantar de sua casa.

Alguém pega uma carteira preta na cômoda. Ela conta cinco grandes moedas de um pêni e as põe em minha mão, formando uma coluna, e depois acrescenta mais uma.

"Esta é para você. Senão você come todos os meus *humbugs* no caminho."

Outras instruções:

"Não corra."

"Não pare na ponte".

Vou correndo, sim, e passo pela oficina de Nate, vejo-o de relance lá dentro, manejando o fole com uma das mãos. Trocamos acenos. O terra-nova grande e bonito está lá de novo, e sai da oficina para correr junto comigo por algum tempo.

Não paro na ponte, mas desacelero o passo o bastante para verificar o ano de cada moeda. A efígie do rei Jorge é bem maior do que nas moedas de cinco cêntimos, pardo como um índio por causa do cobre, mas com as mesmas roupas; no pêni a gente percebe os enfeites de arminho na sua túnica.

Na loja de Mealy tem um sininho que toca quando a gente entra, para que ela saiba que um freguês chegou se estiver à mesa telefônica. Ao entrar na loja, que é escura, desce-se um degrau, o balcão fica ao lado. O pé-direito é baixo, e o chão inclina-se para o lado do balcão. Mealy é larga e gorda, e tem-se a impressão de que ela, o balcão, a vitrine, abarrotada de artigos, estão todos afundando aos poucos, até desaparecer.

Com cinco *pence* pode-se comprar uma boa quanti-

*too long to decide what I want for myself. I must get back quickly, quickly, while Miss Gurley is there and everyone is upstairs and the dress is still on. Without taking time to think, quickly I point at the brightest thing. It is a ball, glistening solidly with crystals of pink and yellow sugar, hung, impractically, on an elastic, like a real elastic ball. I know I don't even care for the inside of it, which is soft, but I wind most of the elastic around my arm, to keep the ball off the ground, at least, and start hopefully back.*

But one night, in the middle of the night, there is a fire. The church bell wakes me up. It is in the room with me; red flames are burning the wallpaper beside the bed. I suppose I shriek.

The door opens. My younger aunt comes in. There is a lamp lit in the hall and everyone is talking at once.

"Don't cry!" my aunt almost shouts at me. "It's just a fire. Way up the road. It isn't going to hurt you. Don't cry!"

"Will! Will!" My grandmother is calling my grandfather. "Do you have to go?"

"No, don't go, Dad!"

"It looks like McLean's place." My grandfather sounds muffled.

"Oh, not their new barn!" My grandmother.

"You can't tell from here." He must have his head out the window.

dade de *humbugs*. Não posso ficar muito tempo escolhendo o que quero para mim. Tenho que voltar depressa, depressa, enquanto a srta. Gurley está lá e todo mundo está no andar de cima e ela ainda está provando o vestido. Sem ter tempo de pensar, rapidamente aponto para a coisa mais brilhante que vejo. É uma bola, sólida e resplandecente, recoberta de cristais de açúcar rosa e azul, pendurada, um tanto desajeitadamente, num elástico, como se fosse uma bola de borracha de verdade. Sei que não vou gostar muito do que há dentro dela, que é macio, porém dou várias voltas do elástico no braço, para que ao menos a bola não encoste no chão, e vou para casa, esperançosa.

Mas uma noite, no meio da noite, há um incêndio. O sino da igreja me acorda. Está dentro do quarto, comigo; chamas ardem no papel de parede junto à cama. Creio que dou um grito.

A porta se abre. Minha tia mais nova entra no quarto. Há uma luz acesa no corredor, e todo mundo está falando ao mesmo tempo.

"Não chore!", minha tia quase grita comigo. "É só um incêndio. Lá longe. Não vai machucar você, não. Não *chore*!"

"Will! Will!" É minha avó que chama meu avô. "Você tem mesmo que ir?"

"Não, não vá, não, papai!"

"Parece que é lá nos McLean." A voz de meu avô parece abafada.

"Ah, não diga que é o celeiro novo deles!" Minha avó.

"Daqui não dá para ver." Ele deve estar com a cabeça para fora da janela.

"She's calling for you, Mother." My older aunt. "I'll go."
"No. I'll go." My younger aunt.
"Light that other lamp, girl."

My older aunt comes to my door. "It's way off. It's nowhere near us. The men will take care of it. Now you go to sleep." But she leaves my door open.

"Leave her door open," calls my grandmother just then. "Oh, why do they have to ring the bell like that? It's enough to terrify anybody. Will, be careful."

Sitting up in bed, I see my grandfather starting down the stairs, tucking his nightshirt into his trousers as he goes.

"Don't make so much noise!" My older aunt and my grandmother seem to be quarreling.

"Noise! I can't hear myself think, with that bell!"

"I bet Spurgeon's ringing it!" They both laugh.

"It must have been heat lightning," says my grandmother, now apparently in her bedroom, as if it were all over.

"She's all right, Mother." My younger aunt comes back. "I don't think she's scared. You can't see the glare so much on that side of the house."

Then my younger aunt comes into my room and gets in bed with me. She says to go to sleep, it's way up the road. The men have to go; my grandfather has gone. It's probably somebody's barn full of hay, from heat lightning. It's been such a hot summer there's been a lot of it. The church bell stops and her voice is suddenly loud in my ear over my shoulder. The last echo of the bell lasts for a long time.

*Wagons rattle by.*

"Now they're going down to the river to fill the barrels," my aunt is murmuring against my back.

"*Ela* está chamando a senhora, mamãe." Minha tia mais velha: "Vou lá".

"Não, *eu* vou." Minha tia mais moça.

"Acenda aquele outro lampião, menina."

Minha tia mais velha vem até a porta de meu quarto. "É longe daqui. Bem longe. Os homens vão apagar. Vá dormir, vá." Porém deixa minha porta aberta.

"Deixe a porta aberta", diz minha avó nesse exato momento. "Ah, por que é que eles ficam tocando o sino desse jeito? Parece que é para assustar a gente. Will, *tome cuidado.*"

Sentada na cama, vejo meu avô começando a descer as escadas, enfiando as fraldas do camisão dentro das calças.

"Não faça tanto barulho!" Minha tia mais velha e minha avó parecem estar discutindo.

"Barulho! Eu mal consigo ouvir a minha voz, com esse sino!"

"Aposto que é o Spurgeon que está fazendo isso!" As duas riem.

"Deve ter sido um raio", diz minha avó. Parece ter voltado para seu quarto, como se tudo estivesse terminado.

"*Ela* está bem, mãe." Minha tia mais moça voltou. "Acho que não está com medo, não. Daquele lado da casa não dá para ver direito o brilho do fogo."

Então minha tia mais moça entra em meu quarto e deita-se na cama comigo. Diz-me que devo dormir, o incêndio é lá longe. Os homens têm que ir; meu avô já foi. Deve ser algum celeiro cheio de feno, atingido por um raio. O verão está muito quente, e tem havido muitos relâmpagos. O sino da igreja silencia, e de repente a voz de minha tia, junto a meu ouvido, fica muito alta. O último eco do sino perdura por um bom tempo.

Passam carroças.

"Agora estão indo encher os barris no rio", murmura minha tia, atrás de minhas costas.

*The red flame dies down on the wall, then flares again.*

*Wagons rattle by in the dark. Men are swearing at the horses.*

*"Now they're coming back with the water. Go to sleep."*

*More wagons; men's voices. I suppose I go to sleep.*

*I wake up and it is the same night, the night of the fire. My aunt is getting out of bed, hurrying away. It is still dark and silent now, after the fire. No, not silent; my grandmother is crying somewhere, not in her room. It is getting gray. I hear one wagon, rumbling far off, perhaps crossing the bridge.*

*But now I am caught in a skein of voices, my aunts' and my grandmother's, saying the same things over and over, sometimes loudly, sometimes in whispers:*

*"Hurry. For heaven's sake, shut the door!"*

*"Sh!"*

*"Oh, we can't go on like this, we..."*

*"It's too dangerous. Remember that..."*

*"Sh! Don't let her..."*

*A door slams.*

*A door opens. The voices begin again.*

*I am struggling to free myself.*

*Wait. Wait. No one is going to scream.*

*Slowly, slowly it gets daylight. A different red reddens the wallpaper. Now the house is silent. I get up and dress by myself and go downstairs. My grandfather is in the kitchen alone, drinking his tea. He has made the oatmeal himself, too. He gives me some and tells me about the fire very cheerfully.*

As chamas vermelhas na parede se atenuam, depois se avivam outra vez.

Passam carroças na escuridão. Os homens xingam os cavalos.

"Agora estão voltando com a água. Vá dormir."

Mais carroças; vozes de homens. Creio que durmo.

Acordo e ainda é a mesma noite, a noite do incêndio. Minha tia está se levantando da cama e saindo do quarto, afobada. Ainda está escuro e silencioso, depois do fogo. Silencioso, não; minha avó está chorando em algum lugar, não no quarto dela. A madrugada começa a clarear. Ouço uma carroça rangendo ao longe, talvez na ponte.

Mas agora me vejo presa numa rede de vozes, as vozes de minhas tias e de minha avó, dizendo as mesmas coisas, repetidamente, ora em voz alta, ora em sussurros:

"Depressa. Pelo amor de Deus, *feche a porta!*"

"Psss!"

"Ah, a gente não pode continuar desse jeito..."

"É muito perigoso. Não esqueça..."

"Psss! Não deixe que ela..."

Uma porta bate.

Uma porta se abre. As vozes recomeçam.

Estou tentando livrar-me.

Espere. Espere. Ninguém vai gritar.

Lentamente, muito lentamente, o dia nasce. Um vermelho diferente tinge o papel de parede. Agora a casa está em silêncio. Levanto-me, visto-me sozinha, desço as escadas. Meu avô está na cozinha, sozinho, tomando chá. Também foi ele que fez o mingau de aveia. Ele me dá um pouco de mingau e me fala do incêndio, com muita animação.

*It had not been the McLeans' new barn after all, but someone else's barn, off the road. All the hay was lost but they had managed somehow to save part of the barn.*

*But neither of us is really listening to what he is saying; we are listening for sounds from upstairs. But everything is quiet.*

*On the way home from taking Nelly to the pasture I go to see where the barn was. There are people still standing around, some of them the men who got up in the night to go to the river. Everyone seems quite cheerful there, too, but the smell of burned hay is awful, sickening.*


*Now the front bedroom is empty. My older aunt has gone back to Boston and my other aunt is making plans to go there after a while, too.*

*There has been a new pig. He was very cute to begin with, and skidded across the kitchen linoleum while everyone laughed. He grew and grew. Perhaps it is all the same summer, because it is unusually hot and something unusual for a pig happens to him; he gets sunburned. He really gets sunburned, bright pink, but the strangest thing of all, the curled-up end of his tail gets so sunburned it is brown and scorched. My grandmother trims it with the scissors and it doesn't hurt him.*

*Sometime later this pig is butchered. My grandmother, my aunt, and I shut ourselves in the parlor. My aunt plays a piece on the piano called "Out in the Fields." She plays it and plays it; then she switches to Mendelssohn's "War March of the Priests."*

*The front room is empty. Nobody sleeps there. Clothes are hung there.*

Acabou que não era o celeiro dos McLean, mas o de uma outra família, afastado da estrada. Todo o feno se perdeu, mas conseguiram dar um jeito de salvar uma parte do celeiro.

Porém nem eu nem ele estamos prestando atenção na conversa; estamos atentos para qualquer ruído vindo do andar de cima. Mas a casa está silenciosa.

Depois de levar Nelly ao pasto, no caminho de volta, vou ver o celeiro queimado. Ainda há gente lá, inclusive os homens que se levantaram no meio da noite para pegar água no rio. Também ali todos parecem animados, mas o cheiro de feno queimado é horrível, enjoativo.

Agora o quarto da frente está vazio. Minha tia mais velha voltou para Boston e minha outra tia está planejando ir para lá também, dentro de alguns dias.

Apareceu um porco novo. No começo ele era uma gracinha, e escorregava no linóleo da cozinha, fazendo todos rirem. Então foi crescendo, crescendo. Talvez seja ainda o mesmo verão, porque faz um calor excepcional e acontece com o porco uma coisa pouco comum: ele fica queimado de sol. Fica todo rosado, e — o mais estranho de tudo — a pontinha do rabo enrodilhado fica tão queimada que escurece, chamuscada. Minha avó o apara com a tesoura, e ele não sente dor nenhuma.

Algum tempo depois, esse porco é abatido. Minha avó, minha tia e eu nos fechamos na sala. Minha tia toca no piano uma música chamada "Lá no campo". Ela a repete várias vezes; depois toca a *Marcha marcial dos sacerdotes*, de Mendelssohn.

O quarto da frente está vazio. Ninguém dorme lá. Nele penduram-se roupas.

*Every week my grandmother sends off a package. In it she puts cake and fruit, a jar of preserves, Moirs' chocolates.*

*Monday afternoon every week.*

*Fruit, cake, Jordan almonds, a handkerchief with a tatted edge.*

*Fruit. Cake. Wild-strawberry jam. A New Testament.*

*A little bottle of scent from Hills' store, with a purple silk tassel fastened to the stopper.*

*Fruit. Cake. "Selections from Tennyson."*

*A calendar, with a quotation from Longfellow for every day.*

*Fruit. Cake. Moirs' chocolates.*

*I watch her pack them in the pantry. Sometimes she sends me to the store to get things at the last minute.*

*The address of the sanitarium is in my grandmother's handwriting, in purple indelible pencil, on smoothed-out wrapping paper. It will never come off.*

*I take the package to the post office. Going by Nate's, I walk far out in the road and hold the package on the side away from him.*

*He calls to me. "Come here! I want to show you something."*

*But I pretend I don't hear him. But at any other time I still go there just the same.*

*The post office is very small. It sits on the side of the road like a package once delivered by the post office. The government has painted its clapboards tan, with a red trim. The earth in front of it is worn hard. Its face is scarred and scribbled on, carved with initials. In the evening, when the Canadian Pacific*

Toda semana minha avó põe no correio um pacote. Dentro coloca bolo e frutas, um pote de compota. Chocolate Moirs.

Todas as tardes de segunda, toda semana.

Frutas, bolo, amêndoas-de-málaga, um lenço com renda de bilros.

Frutas. Bolo. Geleia de morangos silvestres. Um Novo Testamento.

Um vidrinho de perfume comprado na loja dos Hill, com uma borla de seda roxa afixada na rolha.

Frutas. Bolo. "Versos de Tennyson."

Um calendário, com uma citação de Longfellow para cada dia.

Frutas. Bolo. Chocolate Moirs.

Vejo minha avó preparar os embrulhos na copa. Às vezes manda-me ir à loja comprar coisas na última hora.

O endereço da casa de saúde está escrito com a letra de minha avó, com lápis-tinta roxo, indelével, no papel de embrulho alisado. A tinta não apaga nunca.

Levo o pacote até o correio. Passando pela oficina de Nate, vou para o outro lado da rua e troco o embrulho de mão, para ficar o mais afastado possível de Nate.

Ele me chama: "Venha cá! Quero lhe mostrar uma coisa".

Finjo que não ouço. Mas em todas as outras ocasiões continuo indo lá.

O prédio do correio é muito pequeno. Parece um embrulho que foi trazido pelo correio e ficou largado à beira da rua. O governo pintou a fachada de marrom, com bordas vermelhas. A terra à frente do prédio é dura de tão socada. A fachada é toda marcada e rabiscada, com iniciais gravadas a canivete. Ao cair da tarde, quando chega o correio das províncias do Pacífico, há sempre uma fileira de

*mail is due, a row of big boys leans against it, but in the daytime there is nothing to be afraid of. There is no one in front, and inside it is empty. There is no one except the postmaster, Mr. Johnson, to look at my grandmother's purple handwriting.*

*The post office tilts a little, like Mealy's shop, and inside it looks as chewed as a horse's manger. Mr. Johnson looks out through the little window in the middle of the bank of glass-fronted boxes, like an animal looking out over its manger. But he is dignified by the thick, bevelled-edged glass boxes with their solemn, upright gold-and-black-shaded numbers.*

*Ours is 21. Although there is nothing in it, Mr. Johnson automatically cocks his eye at it from behind when he sees me.*

*21.*

*"Well, well. Here we are again. Good day, good day," he says.*

*"Good day, Mr. Johnson."*

*I have to go outside again to hand him the package through the ordinary window, into his part of the post office, because it is too big for the little official one. He is very old, and nice. He has two fingers missing on his right hand where they were caught in a threshing machine. He wears a navy-blue cap with a black leather visor, like a ship's officer, and a shirt with feathery brown stripes, and a big gold collar button.*

*"Let me see. Let me see. Let me see. Hm," he says to himself, weighing the package on the scales, jiggling the bar with the two remaining fingers and thumb.*

*"Yes. Yes. Your grandmother is very faithful."*

garotos mais velhos encostados à parede, mas durante o dia não há nada que me inspire medo. Não há ninguém à porta, e lá dentro está vazio. O sr. Johnson, o agente de correio, é a única pessoa que vê o endereço escrito em roxo, na letra de minha avó.

O correio é um pouco torto, tal como a loja de Mealy, e lá dentro tudo parece amassado, como uma manjedoura de cavalo. O sr. Johnson me olha pela janelinha no meio da fileira de caixas com frente de vidro, como um animal com a cabeça em cima da manjedoura. Mas o que o dignifica são as caixas de vidro espesso, de bordas chanfradas, com números sisudos, eretos, com bordas douradas e pretas.

A nossa é a 21. Embora esteja vazia, automaticamente o sr. Johnson olha para ela de esguelha quando me vê.

21.

"Ora, quem eu vejo. Mais uma vez. Um bom dia para você", diz ele.

"Para o senhor também."

Tenho que sair para lhe passar o pacote pela janela normal, para a parte da agência onde fica seu escritório, porque é grande demais para passar pela janelinha oficial. O sr. Johnson é muito velho e muito simpático. Perdeu dois dedos da mão direita, quando os prendeu numa debulhadora. Usa um boné azul-marinho com viseira de couro preto, como se fosse comandante de navio, uma camisa com listas marrons e um grande botão de ouro no colarinho.

"Deixe ver. Deixe ver. Deixe ver. Hummm...", diz, falando sozinho, pesando o pacote na balança, ajeitando a alavanca com o polegar e os dois outros dedos que lhe restam.

"É. É. A sua avó é muito dedicada."

*Every Monday afternoon I go past the blacksmith's shop with the package under my arm, hiding the address of the sanitarium with my arm and my other hand.*

*Going over the bridge, I stop and stare down into the river. All the little trout that have been too smart to get caught — for how long now? — are there, rushing in flank movements, foolish assaults and retreats, against and away from the old sunken fender of Malcolm McNeil's Ford. It has lain there for ages and is supposed to be a disgrace to us all. So are the tin cans that glint there, brown and gold.*

*From above, the trout look as transparent as the water, but if one did catch one, it would be opaque enough, with a little slick moon-white belly with a pair of tiny, pleated, rose-pink fins on it. The leaning willows soak their narrow yellowed leaves.*

*Clang.*

*Clang.*

*Nate is shaping a horseshoe.*

*Oh, beautiful pure sound!*

*It turns everything else to silence.*

*But still, once in a while, the river gives an unexpected gurgle. "Slp," it says, out of glassy-ridged brown knots sliding along the surface.*

*Clang.*

*And everything except the river holds its breath.*

*Now there is no scream. Once there was one and it settled slowly down to earth one hot summer afternoon; or did it float up, into that dark, too dark, blue sky? But surely it has gone away, forever.*

Todas as tardes de segunda passo pela ferraria com o pacote debaixo do braço, escondendo o endereço do hospital com o braço e a outra mão.

Atravessando a ponte, paro e olho para o rio lá embaixo. Todas as trutas espertas que conseguiram escapar dos pescadores — durante quanto tempo? — estão saracoteando de um lado para o outro, atacando, as bobas, o para-lama submerso do velho forde de Malcolm McNeil. Esse para-lama está no fundo do rio há séculos, e dizem que é uma vergonha para todos nós. Como também o são as latas que brilham no fundo, pardas e douradas.

Vistas do alto, as trutas parecem tão transparentes quanto a água, mas quando se pega uma delas vê-se que é um peixe perfeitamente opaco, o ventre liso e branco como a lua, com um par de nadadeiras rosadas, minúsculas, pregueadas. Os salgueiros-chorões mergulham n'água as folhas estreitas e amareladas.

Plém.

*Plém.*

Nate está fazendo uma ferradura.

Ah, que som mais lindo e puro!

Ele reduz tudo o mais ao silêncio.

Assim mesmo, de vez em quando, o rio emite um gorgolejo inesperado. "*Slept*", diz ele; o ruído vem dos torvelinhos marrons, de bordas cristalinas, que deslizam ao longo da superfície.

*Plém.*

E tudo, exceto o rio, prende a respiração.

Agora não se ouve o grito. Antes soou um grito, que foi descendo lentamente para o chão numa tarde quente de verão; ou será que foi subindo, em direção àquele céu azul-escuro, escuro demais? Mas sem dúvida ela foi-se embora, para sempre.

Clang.

*It sounds like a bell buoy out at sea.*

*It is the elements speaking: earth, air, fire, water.*

*All those other things — clothes, crumbling postcards, broken china; things damaged and lost, sickened or destroyed; even the frail almost-lost scream — are they too frail for us to hear their voices long, too mortal?*

*Nate!*

*Oh, beautiful sound, strike again!*

1953

*Plém.*
O som é como o de uma boia de sino no mar.
É a fala dos elementos: terra, ar, fogo, água.
Todas essas outras coisas — roupas, cartões-postais amassados, louça quebrada; coisas danificadas e perdidas, adoecidas ou destruídas; até mesmo o grito frágil, quase perdido — serão frágeis demais para que possamos ouvir suas vozes perdidas, tão mortais?
Nate!
Ah, som lindo, volte a soar!

*1953*

***manners***

For a child of 1918

*My grandfather said to me
as we sat on the wagon seat,
"Be sure to remember to always
speak to everyone you meet."*

*We met a stranger on foot.
My grandfather's whip tapped his hat.
"Good day, sir. Good day. A fine day."
And I said it and bowed where I sat.*

*Then we overtook a boy we knew
with his big pet crow on his shoulder.
"Always offer everyone a ride;
don't forget that when you get older,"*

*my grandfather said. So Willy
climbed up with us, but the crow
gave a "Caw!" and flew off. I was worried.
How would he know where to go?*

*But he flew a little way at a time
from fence post to fence post, ahead;
and when Willy whistled he answered.
"A fine bird," my grandfather said,*

*"and he's well brought up. See, he answers
nicely when he's spoken to.*

## boas maneiras

*Para uma criança de 1918*

Meu avô me disse um dia,
estávamos os dois na charrete:
"Manda a boa educação
cumprimentar toda a gente."

Um estranho seguia a pé.
"Bom dia. Linda manhã, não?"
E o saudou com o chicote.
Repeti a saudação.

Passou um garoto conhecido,
com um corvo no ombro, adiante.
"Sempre ofereça carona,
quando você já for grande",

disse vovô. Willy subiu.
Mas o corvo soltou a voz
e bateu asas. Preocupei-me:
ele ia perder-se de nós?

A ave, porém, ia voando
de poste a poste, à nossa frente,
atendendo ao assobio do dono.
E vovô: "Bicho inteligente

"e bem-educado: responde
se falam com ele. É essa

*Man or beast, that's good manners.
Be sure that you both always do."*

*When automobiles went by,
the dust hid the people's faces,
but we shouted "Good day! Good day!
Fine day!" at the top of our voices.*

*When we came to Hustler Hill,
he said that the mare was tired,
so we all got down and walked,
as our good manners required.*

a boa conduta, pra bicho
e gente. Nunca se esqueça."

Se passava um automóvel,
com a poeira nada se via.
Mesmo assim, nós sempre berrávamos
bem alto: "Bom dia! Bom dia!"

Numa subida, vovô disse
que era uma tremenda canseira
pra égua. Seguimos a pé:
questão de boas maneiras.

### *sestina*

*September rain falls on the house.
In the failing light, the old grandmother
sits in the kitchen with the child
beside the Little Marvel Stove,
reading the jokes from the almanac,
laughing and talking to hide her tears.*

*She thinks that her equinoctial tears
and the rain that beats on the roof of the house
were both foretold by the almanac,
but only known to a grandmother.
The iron kettle sings on the stove.
She cuts some bread and says to the child,*

*It's time for tea now; but the child
is watching the teakettle's small hard tears
dance like mad on the hot black stove,
the way the rain must dance on the house.
Tidying up, the old grandmother
hangs up the clever almanac*

*on its string. Birdlike, the almanac
hovers half open above the child,
hovers above the old grandmother
and her teacup full of dark brown tears.
She shivers and says she thinks the house
feels chilly, and puts more wood in the stove.*

*It was to be, says the Marvel Stove.*

**sextina**

Cai a chuva de setembro sobre a casa.
À luz de fim de tarde, a velha avó
está à mesa da cozinha com a menina,
ambas sentadas ao pé do fogão,
lendo as piadas que vêm no almanaque,
rindo e falando para ocultar as lágrimas.

A avó imagina que as suas lágrimas
outonais e a chuva a cair na casa
foram ambas previstas pelo almanaque,
mas reveladas apenas para a avó.
Canta a chaleira de ferro no fogão.
A avó corta o pão e diz à menina:

*É hora do chá*; porém a menina
assiste à dança das pequenas lágrimas
duras da chaleira que caem no fogão,
tal como a chuva há de dançar sobre a casa.
Arrumando a cozinha, a velha avó
pendura no barbante o almanaque

sábio. Como um pássaro, o almanaque
paira entreaberto acima da menina,
paira sobre a xícara da velha avó,
cheia de escuras, de pesadas lágrimas.
Ela arrepia-se, e diz que aquela casa
está fria, e põe mais lenha no fogão.

*Tinha de ser*, sentencia o fogão.

I know what I know, *says the almanac.*
*With crayons the child draws a rigid house
and a winding pathway. Then the child
puts in a man with buttons like tears
and shows it proudly to the grandmother.*

*But secretly, while the grandmother
busies herself about the stove,
the little moons fall down like tears
from between the pages of the almanac
into the flower bed the child
has carefully placed in the front of the house.*

Time to plant tears, *says the almanac.*
*The grandmother sings to the marvellous stove
and the child draws another inscrutable house.*

*Eu sei o que sei*, afirma o almanaque.
Surge, tosca e rígida, uma casa
no papel em que desenha a menina,
e um homem com botões em forma de lágrimas.
Ela mostra, orgulhosa, o desenho à avó.

Mas em segredo, enquanto a velha avó
está arrumando, ocupada, o fogão,
as luazinhas caem como lágrimas
das páginas abertas do almanaque
exatamente no canteiro que a menina
teve o cuidado de pôr em frente à casa.

*Tempo de plantar lágrimas*, diz o almanaque.
Enquanto a avó cantarola para o fogão,
a menina faz outra inescrutável casa.

## *first death in nova scotia*

*In the cold, cold parlor
my mother laid out Arthur
beneath the chromographs:
Edward, Prince of Wales,
with Princess Alexandra,
and King George with Queen Mary.
Below them on the table
stood a stuffed loon
shot and stuffed by Uncle
Arthur, Arthur's father.*

*Since Uncle Arthur fired
a bullet into him,
he hadn't said a word.
He kept his own counsel
on his white, frozen lake,
the marble-topped table.
His breast was deep and white,
cold and caressable;
his eyes were red glass,
much to be desired.*

*"Come," said my mother,
"Come and say good-bye
to your little cousin Arthur."
I was lifted up and given
one lily of the valley
to put in Arthur's hand.
Arthur's coffin was*

**primeira morte na nova escócia**

Na sala fria, tão fria,
mamãe instalou o Arthur
junto à parede dos cromos:
Eduardo, príncipe de Gales,
com a princesa Alexandra,
o rei Jorge e a rainha Maria.
Logo embaixo, sobre a mesa,
um mergulhão empalhado,
abatido pelo tio
Arthur, pai do Arthurzinho.

Desde que o tio Arthur
acertou-o com um tiro
que ele não dizia nada.
Agora ficava quietinho
no seu lago congelado,
a mesa de mármore branco.
Seu peito era branco, fofo,
frio e bom de acariciar;
os olhos, de vidro vermelho,
eram muito cobiçáveis.

"Venha", disse minha mãe,
"Venha aqui se despedir
do seu primo, o Arthurzinho."
Me levantaram no colo,
me deram um lírio-do-vale
pra pôr na mão do Arthur.
O caixão dele era igual

*a little frosted cake,
and the red-eyed loon eyed it
from his white, frozen lake.*

*Arthur was very small.
He was all white, like a doll
that hadn't been painted yet.
Jack Frost had started to paint him
the way he always painted
the Maple Leaf (Forever).
He had just begun on his hair,
a few red strokes, and then
Jack Frost had dropped the brush
and left him white, forever.*

*The gracious royal couples
were warm in red and ermine;
their feet were well wrapped up
in the ladies' ermine trains.
They invited Arthur to be
the smallest page at court.
But how could Arthur go,
clutching his tiny lily,
with his eyes shut up so tight
and the roads deep in snow?*

a um bolo com glacê,
e o mergulhão, com seus olhos
vermelhos, o espiava.

O Arthur era pequenino.
Branco feito um boneco
que ainda não foi pintado.
O inverno mal começara
a pintá-lo, como fazia
com a folha do bordo em outubro.
Deu só umas pinceladas
vermelhas no seu cabelo,
mas logo largou o pincel,
deixando-o branco pra sempre.

Nas fotos, os reis e príncipes
estavam bem agasalhados
em púrpura, em arminho.
Convidavam o primo Arthur
a ser pajem lá na corte,
o menorzinho de todos.
Mas como era que ele ia
assim de olhos fechados,
o lírio na mão, e as estradas
todas cobertas de neve?

### *filling station*

*Oh, but it is dirty!*
*— this little filling station,*
*oil-soaked, oil-permeated*
*to a disturbing, over-all*
*black translucency.*
*Be careful with that match!*

*Father wears a dirty,*
*oil-soaked monkey suit*
*that cuts him under the arms*
*and several quick and saucy*
*and greasy sons assist him*
*(it's a family filling station),*
*all quite thoroughly dirty.*

*Do they live in the station?*
*It has a cement porch*
*behind the pumps, and on it*
*a set of crushed and grease-*
*impregnated wickerwork;*
*on the wicker sofa*
*a dirty dog, quite comfy.*

*Some comic books provide*
*the only note of color —*
*of certain color. They lie*
*upon a big dim doily*
*draping a taboret*
*(part of the set), beside*

## posto de gasolina

Ah, mas como ele é sujo!
— esse posto de gasolina,
impregnado de óleo,
até ficar de um negrume
transluzente, assustador.
Cuidado com esse fósforo!

O pai usa um macacão
sujo, impregnado de óleo,
que o aperta nas axilas,
e o ajudam vários filhos
respondões, rápidos, sujos
(o posto é de uma família),
de graxa, todos imundos.

Será que moram no posto?
Atrás das bombas se vê
uma varanda de cimento,
com mobília de palhinha
amassada e suja de graxa;
no sofá, um cachorro
bem sujo se refestela.

Há revistas em quadrinhos —
o único toque de cor
bem definida — largadas
sobre o caminho de mesa
que enfeita um banquinho (o qual
combina com os outros móveis),

*a big hirsute begonia.*

*Why the extraneous plant?*
*Why the taboret?*
*Why, oh why, the doily?*
*(Embroidered in daisy stitch*
*with marguerites, I think,*
*and heavy with gray crochet.)*

*Somebody embroidered the doily.*
*Somebody waters the plant,*
*or oils it, maybe. Somebody*
*arranges the rows of cans*
*so that they softly say:*
*ESSO—SO—SO—SO*
*to high-strung automobiles.*
*Somebody loves us all.*

e uma begônia hirsuta.

Por que essa planta deslocada?
Por que o banquinho? Por quê,
por que o caminho de mesa?
(Bordado em ponto de cruz
com margaridas, creio eu,
e um pesado crochê cinzento.)

Alguém bordou esse pano.
Alguém põe água na planta,
ou óleo, sei lá. Alguém
dispõe as latas de modo
a fazê-las sussurrar:
ESSO—SO—SO—SO
pros automóveis nervosos.
Alguém nos ama, a nós todos.

## sunday, 4 a.m.

*An endless and flooded
dreamland, lying low,
cross- and wheel-studded
like a tick-tack-toe.*

*At the right, ancillary,
"Mary's close and blue.
Which Mary? Aunt Mary?
Tall Mary Stearns I knew?*

*The old kitchen knife box,
full of rusty nails,
is at the left. A high* vox
humana *somewhere wails:*

The gray horse needs shoeing!
It's always the same!
What are you doing,
there, beyond the frame?

If you're the donor,
you might do that much!
*Turn on the light. Turn over.
On the bed a smutch —*

*black-and-gold gesso
on the altered cloth.
The cat jumps to the window;
in his mouth's a moth.*

## domingo, 4 da madrugada

Imensa paisagem de sonho,
baixa, inundada, uma grelha
de cruzes e rodas, como
se fosse um jogo da velha.

À direita, a placa anuncia:
"Mary", em letras azuis. Mas qual?
Mary Stearns? A minha tia?
Ou alguém de nome igual?

À esquerda, a caixa de facas,
com seus pregos enferrujados.
Uma *vox humana* fraca
de algum lugar solta o brado:

*O baio está sem ferradura!*
*Mas é sempre a mesma história!*
*E você, por que não ajuda,*
*parado do lado de fora?*

*Você não é o doador? Então*
*faça ao menos isso!* Acenda
a luz. Mude de posição.
Na cama, a mancha pequena —

gesso de Paris, preto e ouro,
no pano alterado. De repente
o gato dá um salto, e pousa
com uma mariposa entre os dentes.

*

*Dream dream confronting,
now the cupboard's bare.
The cat's gone a-hunting.
The brook feels for the stair.*

*The world seldom changes,
but the wet foot dangles
until a bird arranges
two notes at right angles.*

\*

Sonho frente a sonho, agora
que na despensa não há mais nada.
O gato já foi embora.
O rio se aproxima da escada.

Um pé escapole da cama
e se molha. Mundo completo,
quando um pássaro posiciona
duas notas em ângulo reto.

## *sandpiper*

*The roaring alongside he takes for granted,*
*and that every so often the world is bound to shake.*
*He runs, he runs to the south, finical, awkward,*
*in a state of controlled panic, a student of Blake.*

*The beach hisses like fat. On his left, a sheet*
*of interrupting water comes and goes*
*and glazes over his dark and brittle feet.*
*He runs, he runs straight through it, watching his toes.*

*— Watching, rather, the spaces of sand between them,*
*where (no detail too small) the Atlantic drains*
*rapidly backwards and downwards. As he runs,*
*he stares at the dragging grains.*

*The world is a mist. And then the world is*
*minute and vast and clear. The tide*
*is higher or lower. He couldn't tell you which.*
*His beak is focussed; he is preoccupied,*

*looking for something, something, something.*
*Poor bird, he is obsessed!*
*The millions of grains are black, white, tan, and gray,*
*mixed with quartz grains, rose and amethyst.*

## maçarico

Já nem percebe o rugido constante a seu lado,
nem se espanta que de vez em quando o mundo estremeça.
Ele corre, corre para o sul, luxento, desajeitado,
sempre num pânico controlado, um discípulo de Blake.

A praia chia como se fosse gordura.
Um lençol d'água vem e vai, e nesse espaço
interrompido passam seus pés frágeis e escuros.
Ele corre, atravessando tudo, corre olhando para baixo.

— Mais exatamente, para os espaços de areia entre os pés,
onde (todo detalhe é importante) o Atlântico escorre
para trás e para baixo, rápido, vez após vez.
Ele observa os grãos arrastados enquanto corre.

O mundo é bruma. E logo o mundo vira
um panorama imenso e detalhado.
Maré alta ou baixa — ele nem desconfia.
Seu bico fica imóvel; está concentrado,

procurando alguma coisa, alguma coisa.
Pobre ave, com sua ideia fixa!
Os grãos de areia são milhões, pretos, brancos, âmbar,
                                                  [cobre,
junto com grãos de quartzo, rosa e ametista.

## *from trollope's journal*

[Winter, 1861]

*As far as statues go, so far there's not
much choice: they're either Washingtons
or Indians, a whitewashed, stubby lot,
His country's Father or His foster sons.
The White House in a sad, unhealthy spot
just higher than Potomac's swampy brim,
— they say the present President has got
ague or fever in each backwoods limb.
On Sunday afternoon I wandered — rather,
I floundered, — out alone. The air was raw
and dark; the marsh half-ice, half-mud. This weather
is normal now: a frost, and then a thaw,
and then a frost. A hunting man, I found
the Pennsylvania Avenue heavy ground . . .
There all around me in the ugly mud,
— hoof-pocked, uncultivated, — herds of cattle,
numberless, wond'ring steers and oxen, stood:
beef for the Army, after the next battle.
Their legs were caked the color of dried blood;
their horns were wreathed with fog. Poor, starving, dumb
or lowing creatures, never to chew the cud
or fill their maws again! Th'effluvium
made that damned anthrax on my forehead throb.
I called a surgeon in, a young man, but,
with a sore throat himself, he did his job.
We talked about the War, and as he cut
away, he croaked out, "Sir, I do declare
everyone's sick! The soldiers poison the air."*

## extraído do diário de trollope

[*Inverno, 1861*]

Só há duas variedades de estátuas:
ou Washington ou índios, todas brancas
e mirradas; ou bem o pai da Pátria
ou os filhos postiços. A Casa Branca
fica num sítio bem pouco atraente,
perto do pântano do Potomac —
dizem aqui que o atual presidente
sofre de uma terçã, algum achaque
de roceiro. Na tarde de domingo
saí sozinho, pra dar um passeio.
Ar denso; lama congelada. É assim o
tempo aqui: geada; depois, degelo;
e geada. Caçador escolado,
andei pela avenida Pensilvânia
apreciando a profusão do gado
solto na rua, vagando na lama
como bichos selvagens, sem cangalhas,
guardados para a próxima batalha
que o Exército vier a enfrentar.
Chifres engrinaldados de neblina...
Coitados! Nunca mais que vão pastar
e encher as barrigas sempre vazias.
Os miasmas tiveram o triste efeito
de despertar o antraz na minha testa.
Ao fazer o que era pra ser feito,
dizia o médico: "Essa guerra empesta
o ar! São os soldados, essa gente."
E tossiu. "Todo mundo está doente!"

## *visits to st. elizabeths*

[1950]

*This is the house of Bedlam.*

*This is the man*
*that lies in the house of Bedlam.*

*This is the time*
*of the tragic man*
*that lies in the house of Bedlam.*

*This is a wristwatch*
*telling the time*
*of the talkative man*
*that lies in the house of Bedlam.*

*This is a sailor*
*wearing the watch*
*that tells the time*
*of the honored man*
*that lies in the house of Bedlam.*

*This is the roadstead all of board*
*reached by the sailor*
*wearing the watch*
*that tells the time*
*of the old, brave man*
*that lies in the house of Bedlam.*

## visitas a st. elizabeths

[*1950*]

Esta é a casa de orates.

Este é o homem
que mora na casa de orates.

Este é o tempo
do homem trágico
que mora na casa de orates.

Este é um relógio de pulso
que marca o tempo
do homem tagarela
que mora na casa de orates.

Este é um marujo
que usa o relógio
que marca o tempo
do homem honrado
que mora na casa de orates.

Esta é a angra de tábuas
onde aportou o marujo
que usa o relógio
que marca o tempo
do velho valente
que mora na casa de orates.

*These are the years and the walls of the ward,*
*the winds and clouds of the sea of board*
*sailed by the sailor*
*wearing the watch*
*that tells the time*
*of the cranky man*
*that lies in the house of Bedlam.*

*This is a Jew in a newspaper hat*
*that dances weeping down the ward*
*over the creaking sea of board*
*beyond the sailor*
*winding his watch*
*that tells the time*
*of the cruel man*
*that lies in the house of Bedlam.*

*This is a world of books gone flat.*
*This is a Jew in a newspaper hat*
*that dances weeping down the ward*
*over the creaking sea of board*
*of the batty sailor*
*that winds his watch*
*that tells the time*
*of the busy man*
*that lies in the house of Bedlam.*

*This is a boy that pats the floor*
*to see if the world is there, is flat,*
*for the widowed Jew in the newspaper hat*
*that dances weeping down the ward*

Estes são os anos e as paredes do hospital,
os ventos e nuvens do mar de tábuas
onde velejou o marujo
que usa o relógio
que marca o tempo
do velho ranzinza
que mora na casa de orates.

Este é um judeu com um chapéu de jornal
que dança chorando pelo hospital,
no mar de tábuas que rangem
passando pelo marujo
que dá corda no relógio
que marca o tempo
do homem cruel
que mora na casa de orates.

Este é um mundo em que os livros se achataram.
Este é um judeu com um chapéu de jornal
que dança chorando pelo hospital,
no mar de tábuas, que rangem,
do marujo maluco
que dá corda no relógio
que marca o tempo
do homem ocupado
que mora na casa de orates.

Este é um garoto que apalpa o soalho
para ver se o mundo existe e é achatado,
para o judeu viúvo com chapéu de jornal
que valsa chorando pelo hospital

*waltzing the length of a weaving board
by the silent sailor
that hears his watch
that ticks the time
of the tedious man
that lies in the house of Bedlam.*

*These are the years and the walls and the door
that shut on a boy that pats the floor
to feel if the world is there and flat.
This is a Jew in a newspaper hat
that dances joyfully down the ward
into the parting seas of board
past the staring sailor
that shakes his watch
that tells the time
of the poet, the man
that lies in the house of Bedlam.*

*This is the soldier home from the war.
These are the years and the walls and the door
that shut on a boy that pats the floor
to see if the world is round or flat.
This is a Jew in a newspaper hat
that dances carefully down the ward,
walking the plank of a coffin board
with the crazy sailor
that shows his watch
that tells the time
of the wretched man
that lies in the house of Bedlam.*

pisando as tábuas, que balançam,
passando pelo marujo
que escuta o relógio
que conta o tempo
do chato
que mora na casa de orates.

Estes são os anos e as portas e as muralhas
que encerram um garoto que apalpa o soalho
para sentir se o mundo existe e é achatado.
Este é um judeu com chapéu de jornal
que dança alegre pelo hospital
num mar de tábuas a se abrir quando ele passa
pelo marujo simplório
que sacode o relógio
que marca o tempo
do poeta, do homem
que mora na casa de orates.

Este é o soldado voltando das batalhas.
Estes são os anos e as portas e as muralhas
que encerram um garoto que apalpa o soalho
para ver se o mundo é redondo ou achatado.
Este é um judeu com chapéu de jornal
que dança cuidadoso pelo hospital,
pisando as tábuas de um caixão
com o marujo louco
que mostra o relógio
que marca o tempo
do desgraçado
que mora na casa de orates.

# notas

CHEGADA EM SANTOS [pp.11-3]

O terceiro verso da primeira estrofe remete a uma passagem numa das primeiras cartas escritas por Bishop no Brasil, para Marianne Moore, datada de 14 de fevereiro de 1952: "Passo a maior parte do tempo na casa de veraneio da minha amiga Lota em Petrópolis [...]. Além de uma profusão de montanhas nada práticas, e nuvens que entram e saem pela janela do quarto da gente, tem cascatas, orquídeas [...]" (Bishop, *Uma arte*. São Paulo: Companhia das Letras, 1995, p. 242).

BRASIL, 1º DE JANEIRO DE 1502 [pp. 15-7]

A epígrafe é de um historiador da arte inglês, Kenneth MacKenzie Clark (1903-83). Quando estava terminando o poema, em novembro de 1959, Bishop escreveu uma carta à sua tia Grace: "Ver os lagartos fazendo amor é uma das nossas distrações mais tranquilas aqui! — o macho persegue a fêmea, levantando e abaixando a cabeça e inflando e esvaziando o papo feito um balão — ele normalmente é muito maior e mais feio. A fêmea sai correndo e, quando está bem-humorada, levanta a cauda, dobrando-a sobre o dorso, como se fosse um fio — é de um vermelho vivo, quase tom de néon, por baixo. Mas o macho quase nunca consegue alcançá-la" (Brett Millier, *Elizabeth Bishop: Life and the Memory of it*. Berkeley/Los Angeles, University of California Press, 1993, pp. 301-2).

## FILHOS DE POSSEIROS E MANUELZINHO [pp. 25-37]

As crianças do primeiro poema são os filhos de Manuelzinho, que vivia de favor no terreno de Lota em Petrópolis e a ela prestava serviços. Comenta Bishop numa carta de 1956: "É tudo verdade — isso de ele [Manuelzinho] fretar um ônibus para ir ao enterro do pai etc." (*Uma arte*, p. 340).

## MANHÃ DE SANTOS REIS; OU, COMO QUISERES [pp. 63-5]

O título do poema alude a uma comédia de Shakespeare, *Twelfth Night, or What You Will*, literalmente "Noite de Reis, ou O que quiseres". O episódio narrado no poema ocorre numa manhã de 6 de janeiro, em que o eu lírico, numa praia de Cabo Frio, encontra um menino negro chamado Baltazar com uma lata d'água na cabeça. O último verso do original é uma tradução hiperliteral da fala do menino. Numa tradução convencional, seria "Today's my birthday, Twelfth Day"; ao traduzir "aniversário" pelo cognato *anniversary* — que jamais é usado para se referir ao aniversário de nascimento de uma pessoa, e sim a datas como aniversários de casamento, por exemplo — e verter "Dia de Reis" como *Day of Kings* — expressão inexistente em inglês — Bishop cria um efeito poético de estranhamento difícil de recriar na retradução para o português.

## PRIMEIRA MORTE NA NOVA ESCÓCIA [pp. 149-51]

Poema baseado numa lembrança da infância. O nome verdadeiro do "primo Arthur" era Frank (Millier, 1993, p. 4).

POSTO DE GASOLINA [pp. 153-5]

Poucas horas antes de morrer, Bishop escreve uma carta em que protesta contra a inserção de notas de rodapé em poemas de sua autoria a serem incluídos numa antologia para ser utilizada por alunos universitários. Na carta, ela observa a respeito deste poema: "Eu deixaria os alunos descobrirem — aliás, EU MESMA digo [no poema] — que as latas podem ficar numa posição tal que elas parecem dizer *so-so-so* etc.; quer dizer, acho que *isto* não precisa ser explicado. Por outro lado, muitos alunos podem perfeitamente não saber que *so-so-so* era — talvez ainda seja em alguns lugares — a expressão usada para acalmar cavalos" (*Uma arte*, p. 698).

EXTRAÍDO DO DIÁRIO DE TROLLOPE [p. 163]

Anthony Trollope (1815-82), romancista inglês, visitou Washington no início da Guerra da Secessão. Em 1949, Bishop havia morado um ano na capital, ocupando o cargo de Consultora de Poesia da Biblioteca do Congresso — o posto hoje tem o nome de Poeta Laureado. Numa carta ao poeta Robert Lowell (datada de 18/11/1965) ela comenta este poema: "From Trollope's Journal' era na verdade um poema anti-Eisenhower, a meu ver — se bem que é praticamente tudo tirado do Trollope" (*Uma arte*, p. 482). Dwight D. Eisenhower foi presidente dos Estados Unidos no período 1953-61; era republicano; Bishop sempre votou no Partido Democrata. Os comentários de Trollope sobre a guerra exprimem sentimentos semelhantes aos de Bishop no tempo em que ela morava em Key West, Flórida, que se tornou uma base naval quando o país entrou na

Segunda Guerra Mundial. Em 28/12/1941, três semanas após o ataque japonês a Pearl Harbor, Bishop escreve à poeta Marianne Moore: "Estou um tanto deprimida com relação a Key West — e a minha casa — no momento. A cidade está terrivelmente superlotada e barulhenta [...] e muito diferente do que era" (*Uma arte*, p. 109).

### VISITAS A ST. ELIZABETHS [pp. 165-9]

St. Elizabeths era o hospital psiquiátrico em que o poeta Ezra Pound ficou internado de 1946 a 1958, quando uma junta médica concluiu que ele era "louco e mentalmente incapaz de ser julgado". Pound tinha sido preso como traidor pelo exército americano por ter trabalhado para o regime de Mussolini, fazendo propaganda (muitas vezes de caráter virulentamente antissemita) contra os Estados Unidos na Rádio Roma durante a guerra. No hospital, Pound escrevia e recebia visitantes, muitos deles poetas, inclusive Bishop (entre 1949 e 1950). O poema foi escrito em 1956.

## sobre a autora

Elizabeth Bishop nasceu em 1911 em Worcester, Massachusetts. Formou-se no Vassar College em 1934. Seu primeiro livro, *North & South*, foi publicado em 1946. Seguiram-se *A Cold Spring*, este *Questões de viagem* e *Geography III*. Sua obra recebeu numerosos prêmios, como o Pulitzer, em 1956, e o National Book Award, em 1970. Morreu em Boston, em 1979. Da autora, a Companhia das Letras publicou, entre outros, *Uma arte: As cartas de Elizabeth Bishop* (1995), *Poemas escolhidos* (2012) e *O Brasil de Elizabeth Bishop* (2020).

TIPOGRAFIA Wigrum
DIAGRAMAÇÃO verba editorial
PAPEL Pólen Soft
IMPRESSÃO Gráfica Bartira, setembro de 2020

A marca FSC® é a garantia de que a madeira utilizada na fabricação do papel deste livro provém de florestas que foram gerenciadas de maneira ambientalmente correta, socialmente justa e economicamente viável, além de outras fontes de origem controlada.